W0415534

Sommaire

BTS Français

Thème 2025

À TABLE !
FORMES ET ENJEUX DU REPAS

Paul Foyer

Professeur de culture générale
et expression en BTS.

Bréal
by Studyrama

Imprimé en France en juillet 2024 par l'Imprimerie Maury S.A.S. à Millau (12)
Dépôt légal : août 2024 – N° d'imp. : G24/75673A
ISBN 978-2-7495-5649-9

Mise en bouche

« Le plaisir de la table est de tous les âges, de toutes les conditions, de tous les pays et de tous les jours ; il peut s'associer à tous les autres plaisirs, et reste le dernier pour nous consoler de leur perte ». Cet aphorisme de Jean Anthelme Brillat-Savarin, situé dans les premières pages de sa *Physiologie du goût* (1826) met l'accent sur le plaisir que l'expression "À table !" convie : pour les gourmets ou les gourmands[1], ces simples mots résonnent comme une invitation. Avec la question de la volupté et du goût, cette citation permet aussi de faire appel à la diversité des relations culturelles que le thème de cette année 2025 suggère : de tous les pays, de toutes les situations sociologiques, de toutes les époques, relié à tous les autres plaisirs, donc à bien d'autres marqueurs humains. À première vue pourtant, quoi de plus coutumier que de manger ? Activité à laquelle les Français consacrent quotidiennement deux heures, presque quatre fois plus en moyenne que dans les autres pays de l'OCDE[2]. Ajoutons que si le repas est de toutes les époques et qu'il accompagne toutes les cultures, son inscription comme thème unique pour une année de culture générale a de quoi surprendre, tant celui-ci pourrait sembler trivial à côté des grands sujets de culture générale. C'est pourquoi il nous faut décrypter son importance sur le plan culturel.

Nous le savons, les repas ne servent pas uniquement à avaler des aliments : si manger est parfois un acte religieux et politique, c'est toujours un acte social et culturel. Un premier indice du caractère décisif des arts de la table pour la culture en général se niche peut-être dans la richesse des métaphores culinaires (avoir des « yeux de merlan frit », s'étaler « comme une crêpe », mettre « à toutes les sauces », « de l'eau dans son vin » ou « du beurre dans les épinards », manger « à la fortune du pot », ou « sur le pouce » etc.), dans la variété des mots et expressions populaires reliées à la table (être « trempé comme une soupe », ou trouver le temps « long comme un jour sans pain »). Pensons aussi aux célèbres formules populaires : « c'est dans les vieux pots qu'on fait les meilleures soupes », « ventre affamé n'a pas d'oreille », « ce qui est amer à la bouche est doux au cœur ». Manger est certes un acte du quotidien, mais plutôt que d'y

---

1. Mots-clefs du thème : synonymes, gourmets et gourmands qualifient ceux qui aiment manger. Mais ils ne signifient pas exactement la même chose : le gourmand se situe davantage sur un plan d'alimentation tandis que le gourmet porte son plaisir sur le plan des connaissances ou de l'expertise culinaire. C'est pourquoi certains gourmets ne sont parfois que peu gourmands pour des mets qu'ils estiment trop peu raffinés.
2. Laurence Tibère, « L'alimentation structure la vie en société », Hors-série de la revue *L'éléphant* de novembre 2021, p. 74.

voir le signe de la banalité, notons son caractère universel, sa valeur de marqueur constant d'humanité : l'homme, un animal qui se met à table !

Manger est bien un acte culturel, et fait par ailleurs largement écho aux principales acceptions du mot culture. Essentiellement, c'est tout ce qui se surajoute à la nature : le langage, la religion, l'art, les techniques, les coutumes. Au sein de la culture, la cuisine semble alors se ranger du côté de l'art, se catégorisant dans les savoir-faire, lesquels supposent des techniques et des artisans. Cependant, deux remarques : cette vision fait appel à un débat sur la nature même de cette activité. D'un côté, tous ceux qui, comme Noëlle Chatelet décrivant le rôle du feu dans le (▶ **Doc. 1**), pensent que s'y joue une sorte de magie à la dimension mythologique, face aux rationalisations, si ce n'est à la scientifisation que supposerait par exemple la cuisine moléculaire. Même pour ceux qui ne plaident pas pour une quantification scrupuleuse et une attention aux relations physico-chimiques à l'œuvre en cuisine, même sans l'analyse des rapports de proportions objectivement rappelés dans la plupart des actes de cuisiner, nous savons bien qu'un peu trop de tel ingrédient dans un plat risque de nuire à sa qualité[3]. La cuisine, c'est d'abord de la chimie, diraient les uns. Cependant, la vision magique est tenace dans l'opinion : l'expression « être un vrai cordon-bleu » traduit la populaire distinction entre les doués pour cuisiner et ceux qui le seraient moins. Certains en auraient le talent comme d'autres ont la main verte en jardinage. Cette cuisine du don, alchimique pour Noëlle Chatelet, s'oppose à une vision mécaniste de la cuisine que l'actualité rappelle : l'IA intervient de plus en plus dans le monde de la restauration[4] ; certains chefs s'associent aux chimistes pour concevoir la cuisine de demain[5]. Par ailleurs, la cuisine au sein de la culture n'est pas réductible à l'art culinaire. Cuisiner peut aussi se comprendre dans la perspective d'une culture envisagée comme ensemble de représentations partagées. C'est la démarche qu'adopte par exemple l'historien majeur de la cuisine Patrick Rambourg, dans son ouvrage *L'art et la table* (Citadelles & Mazenod, 2016) mettant en relation la cuisine avec l'histoire de l'art depuis l'Antiquité et, par-là, avec les traditions et l'histoire humaine dans la pluralité de ses dimensions. Cette distinction permet d'insister sur le fait que la cuisine n'est pas qu'une simple somme de techniques pour bien préparer à manger, comme tendent parfois à le suggérer certaines émissions culinaires à succès. La cuisine renvoie presque toujours à davantage qu'à des techniques, et semble le prisme de bien des questions culturelles. Pensons par exemple au fait de se restaurer au McDonald's : à l'idée de restauration rapide s'ajoutent les connotations liées

---

3. Prenons l'exemple de la sauce béchamel : il faut autant de beurre que de farine pour préparer le roux, surdoser l'un d'entre eux change le goût final.
4. Comme le montre par exemple Sylvie Berkowicz dans « Intelligence artificielle, Hold-up en cuisine ? » dans le numéro 3 du magazine *Gault & Millau* de mars 2024.
5. Thierry Marx et Raphaël Haumont sont un exemple de collaborations placées sous le signe d'une approche misant sur la rencontre entre la cuisine et la science.

à l'origine géographique de la chaîne, à des débats sur la nutrition à l'œuvre, autant qu'à l'homogénéisation d'une nourriture globalisée mais soucieuse des empreintes régionales, et à bien d'autres questions éthiques. Sans parler de tout ce que convoque son positionnement marketing vis-à-vis des autres concurrents sur le marché des fast-foods. En ceci, la cuisine fait appel à la culture dans un sens large, c'est-à-dire à celui qui rassemble les activités humaines dans leurs diversités et qui stimule par-là bien des questionnements philosophiques[6]. Ce que le titre du programme appelle « enjeux »[7].

La cuisine fait enfin appel aux deux modalités du fait culturel : celle partagée (d'où provient le titre même de notre discipline, la culture dite générale) et celle individuelle (de l'être humain qui se cultive, c'est-à-dire qui s'élève personnellement en humanité). Chaque groupe humain a ainsi ses traditions culinaires, ses recettes, ses produits (on parle de la civilisation du riz, de la bière, du vin...) ; le rapport qu'une culture donnée entretient avec la nourriture semble d'ailleurs être l'une de ses caractéristiques essentielles. Par distinction, la culture d'un individu rassemble d'une part ce que celui-ci s'est approprié de la culture partagée (celle de son groupe ou celle des autres groupes, en apprenant par exemple une ou plusieurs langues étrangères, ou bien à cuisiner les makis ou le rougail saucisse), d'autre part ce qu'il a créé de lui-même (là aussi, la cuisine est concernée, des petits trucs trouvés par soi-même pour mieux réussir tel plat aux innovations géniales des grands chefs) ; dans cette perspective, certaines personnes sont plus cultivées que d'autres, notamment dans le domaine culinaire, car tout s'apprend et s'affine, y compris le goût. C'est pourquoi, là aussi, la cuisine dit la culture : « dis-moi ce que tu manges et je te dirai qui tu es », proclame Brillat-Savarin (▶ **Doc. 2**).

Au point de départ, la nécessité vitale de se nourrir, laquelle implique la recherche et la production d'aliments. Ce que rappelle la formule célèbre du jeune Cléante à maître Jacques, alors cuisinier d'Harpagon, dans *L'Avare* de Molière : « il faut manger pour vivre, et non pas vivre pour manger ». Manger est d'abord un besoin physiologique pour reconstituer l'énergie dont le corps a besoin, et lui permettre de se développer. Si la préparation et la cuisson des aliments distinguent l'homme de l'animal (si bien que des rituels

---

6. Nous retrouvons par exemple cette démarche dans le discours de Martine Gasparov : « La Philosophie du repas », donné à la BNF le 22 septembre 2021 dans le cadre d'un cycle de conférences au titre évocateur : « Philosophie du quotidien ».

7. Mot-clef du thème : présent dans le titre du thème, le mot enjeu n'est pas si évident à appréhender sur le plan intellectuel, car le sens premier fait référence à la somme que l'on met dans le jeu, la mise, et l'intérêt que l'on poursuit en jouant avec cette mise. Pour les questions intellectuelles, ce mot pourrait s'entendre à travers la notion de but poursuivi, de finalité dans la recherche, d'intérêt dans un sujet. Ainsi, pour le repas, les formes décryptées nous amènent à certains enjeux, c'est-à-dire à comprendre des réalités de notre monde et de notre humanité.

alimentaires imprègnent profondément la culture en un ensemble de rites et de représentations au cœur de toutes les civilisations), manger nous rapproche des autres vivants. Par les aliments, nous développons nos muscles et les nutriments garantissent le bon fonctionnement de l'organisme. Par ailleurs, symboliquement, quelles qu'en soient les formes, la nourriture occupe une place centrale dans la vie du nourrisson, puis dans la socialisation de l'enfant. C'est notamment à l'occasion des premiers repas que l'enfant est introduit au langage. C'est en distinguant le comestible du non-comestible, que l'enfant s'initie à l'interdit et au préférable. Vers 4 mois révolus, des aliments solides remplaceront le lait dans la diversification alimentaire (▶ **Doc. 3**). Laquelle sera suivie d'une alimentation familiale, qui se distingue à son tour de celle parfois réservée aux adultes. En outre, la faim, la soif et la satiété sont des expériences purement individuelles dans leur intensité et le moment de leur manifestation. Une personne n'aura pas forcément faim en même temps qu'une autre ! Manger ensemble, c'est-à-dire pratiquer la commensalité[8], suppose de synchroniser les rythmes alimentaires des différents membres de la famille, ce qui contrarie parfois les besoins individuels. Sans parler des goûts et des désirs hétérogènes autour d'une table commune. En tout ceci, même avant la cuisine à proprement parler, l'alimentation n'est pas synonyme de nutrition, et charrie son lot de connotations et d'appropriations subjectives. Certains ont le goût pour un aliment donné, comme le montre le poème « Le melon » (▶ **Doc. 4**), tandis que d'autres ne peuvent supporter les choux de Bruxelles ou les tomates. S'installe ainsi un système de valeurs, fait d'interdits et de curiosités, de rangs sociaux et d'étapes à franchir, de marqueurs d'individuation et d'ouverture au monde, dont les signes se superposent aux significations culturelles[9].

Après la nutrition, viennent ensuite la cuisine, art de l'élaboration des plats, et le repas, envisagé comme façon de consommer ceux-ci, ajoute la stimulation de l'appétit : le plaisir et la faim. Au sein de la cuisine, la gastronomie, empruntée du grec *gastronomia*, littéralement « art de régler l'estomac », désigne une forme de cuisine particulièrement soignée. Brillat-Savarain est une figure de cette tradition d'épicuriens, pour qui la qualité est le souci premier, tant dans l'art d'accueillir ses invités que dans celui de choisir les produits, de les cuisiner et de marier le repas à son environnement. À l'instar de François Vatel[10], ce n'est pas pour rien que

8. Mot-clef du thème : le commensal désignait au Moyen Âge l'individu attaché à une maison, car il y partageait habituellement la table du maître (seigneur, roi). Le mot commensalité qui en est issu désigne alors le fait de partager un repas.

9. Ces aspects sont abordés dans l'étude « À table en famille », menée par Fairley Le Moal publiée mai 2023 dont notre première étude propose un extrait.

10. De son côté, ce maitre d'hôtel du XVIIe siècle donna le turbot maigre à la Vatel, les cailles glacées à la Vatel, la crème chantilly selon Vatel. En 2000, Roland Joffé sort un film sur ce maître d'hôtel de la maison de Condé interprété par Gérard Depardieu, cherchant à restaurer les bonnes grâces du roi Louis XIV envers son maître par le repas.

cette figure majeure de la cuisine a donné son nom à un fromage et à un gâteau. L'art culinaire se développe à travers les moments de l'histoire des hommes, dans une délicieuse diversité à l'échelle du globe. Avant, nous le verrons, d'être questionné par le risque de négligence de l'acte primitif de nutrition : plaisir de la table et plaisir de manger s'accordent-ils ou renvoient-ils systématiquement à l'opposition entre désir et besoin ? Pour un gastronome, le consommateur est à table pour assouvir sa faim, son besoin de manger, le convive quant à lui, est à table pour assouvir son désir de sociabilité. Avec Brillat-Savarin notamment, le besoin de répondre à la faim que nous partageons avec les animaux se distingue du désir, proprement humain. Roland Barthes rendant hommage à la *Physiologie du goût* écrit dans ce sens : « Le livre de Brillat-Savarin est de bout en bout le livre du "proprement humain", car c'est le désir en ce qu'il se parle, qui distingue l'homme ». À l'inverse, les tendances actuelles vers un retour au « naturel » expriment d'autres désirs : satisfaire aux attentes de la diététique, notamment relayées par la « nouvelle cuisine », répondre aux préoccupations écologiques et sanitaires, renouer avec l'essentiel face aux complications de certaines cuisines. Tiraillée entre désirs et besoins, entre injonctions et invitations, la cuisine convoque les ressorts essentiels de la psychologie.

Du repas quotidien au banquet, des festins impériaux aux repas pris sur le pouce, l'art culinaire prend de multiples formes. Or, le thème de cette année, « À table ! : formes et enjeux du repas » insiste sur les implications tacites derrières les formes décrites. Notre première étude sera ainsi l'occasion de soulever pas à pas les premières questions décisives, lesquelles découlent souvent directement de ces formes. Nous avons ensuite orienté les études qui suivent selon des axes qui reprennent quelques-uns des enjeux appelés par le programme. Interroger les formes de la table permet ainsi, nous le verrons, de toucher des questions essentielles d'éthique, de sociologie, de psychologie, de religion, de politique, d'esthétique et de science. La nourriture devient par-là un langage à part entière : les interdits alimentaires, par exemple, peuvent marquer une appartenance religieuse, les rituels de table mettent en scène des catégories sociales, quand les repas ne scénarisent pas des occasions plus spécifiques ; repas d'affaires, célébrations, retrouvailles familiales, noces. Les aliments eux-mêmes signifient plus que le produit lui-même. Les industriels et les publicitaires de l'agroalimentaire vendent des symboliques associées à leurs marchandises (▶ **Doc. 5**) : pureté, jeunesse, terroir, production locale, etc. C'est ainsi qu'en 1974, le tableau « La Laitière » de Vermeer prend vie grâce à la magie de la télévision. Pour des raisons de stratégie internationale, Chambourcy, filiale de Nestlé, se renomme La Laitière, et Chambourcy disparaît définitivement des emballages en 1996 au profit de Nestlé. La promotion de la nouvelle marque est confiée à l'agence de publicité Effivente, qui porte son choix sur le tableau de Vermeer : « Quoi de mieux que cette femme nourricière versant du lait, symbole de chaleur et de générosité » (▶ **Doc. 5**). Jouant sur de nombreux signifiants, le visuel publicitaire fait notamment appel au terroir et à la production locale pour vendre. Depuis 1979, l'œuvre du peintre figure également sur l'étiquette du pot de verre comme un argument d'authenticité, de tradition et de savoir-faire. Pour le consommateur attentif et pour l'étudiant en culture générale, la compréhension de ces enjeux symboliques n'est-elle pas un gage de liberté ?

Dans une seconde partie, nous proposons un itinéraire méthodologique pour réussir l'épreuve « du brouillon à la copie », constitué de conseils théoriques et de mises en application commentées pas à pas. Cette partie n'est pas pensée de façon autonome, mais vise à finaliser les aspects travaillés dans les points méthodes de la première partie. Ces points sont conçus pour vous accompagner vers l'épreuve au fil de la découverte du thème. Le jour de l'examen, les questions de la première partie de l'épreuve s'articulent soit autour du thème dans ses principales généralités, soit autour d'un sous-thème qui fait écho à l'une des études que nous proposons, soit un corpus plus précis indirectement relié à l'une des sections. Il s'agit avant tout pour le candidat de proposer une étude des documents proposés pour eux-mêmes. Certes, il convient de maîtriser les problématiques principales du thème, mais il importe aussi de se laisser surprendre par des documents nouveaux. Être cultivé, c'est autant savoir lire qu'avoir lu. L'étude objective des documents se fera à travers une série de questions, qui vous invitent à confronter les idées des documents. Il s'agit aussi de faire valoir d'autres compétences et connaissances, sur lesquelles nous reviendrons. De son côté, l'essai invite à exploiter des documents (films, livres, tableaux, etc.) travaillés durant l'année. Dès lors, même si le sujet peut parfois surprendre quelques candidats, il est généralement composé pour faire échos aux grandes questions du thème et permet ainsi d'utiliser la culture acquise. Là aussi, nous proposons un traitement commenté d'un sujet. Nos études explorent des documents issus de supports variés, elles font côtoyer des références incontournables et d'autres plus méconnues. Pour l'essai, il convient là aussi de s'adapter au sujet, c'est-à-dire de manifester le plus clairement possible en quoi la référence utilisée éclaire la réflexion. En ce sens, il vous faut explorer le thème de la façon la plus large possible, et travailler des références susceptibles de convenir, non pas seulement de façon isolée pour une thématique singulière, mais bien pour différents types de sujets. Parce que la rédaction et l'analyse ne s'improvisent pas, nous avons estimé important d'achever cet ouvrage par un ensemble divers de fiches outils. Normalement étudiés en première année et susceptibles d'alimenter vos réflexions et analyses sur d'autres thèmes, nous nous sommes efforcés de convoquer des exemples issus du thème pour rejoindre au mieux les besoins de l'épreuve. Pour mieux réussir, nous vous invitons à multiplier les allers-retours entre les différentes parties distinguées dans le sommaire, chacune d'elles étant pensée dans son interaction avec les autres. Un petit peu comme dans les livres « dont vous êtes le héros » de votre enfance.

Concluons cette mise en bouche par un souhait de bon appétit ![11] Nous espérons que le parcours que nous proposons, vers les grands enjeux du thème, sans négliger les outils pour réussir l'épreuve, vous apportera plaisir et motivation.

11. Mot-clef du thème : cette expression remonte au Moyen Âge. Mais si le fait de se nourrir devient un véritable art de table, la réduction à l'aspect physiologique qu'elle connote a semblé déplacée au fil des siècles de bonnes manières. Faisons donc appel à un sens plus général : l'appétence, tendance qui porte vers ce qui peut satisfaire les penchants naturels, étant synonyme d'envie.

DOCUMENT 1

Les cuisinières auront beau être perfectionnées, nos cheminées modernisées, le feu a gardé quelque chose de sa sacralité légendaire, restes fragiles d'une grande folie prométhéenne.

Pour le cuisiner qui connaît son langage, la magie du jeu réside dans sa faculté surprenante de transmutation. Du cru au cuit la distance est alchimique, la différence est de nature.

Avez-vous remarqué comme une sauce qui « prend » ressemble à un miracle ? On fait fondre dans une casserole une noix de beurre, on y ajoute une cuiller à soupe de farine, puis un peu de lait : le résultat est inquiétant : de vagues grumeaux se disputent le fond du récipient pourtant soumis à un feu minimum ; on remue le tout avec une cuiller en bois, déjà résigné à l'idée de manger le chou-fleur sans béchamel, puis quelque chose se passe qui fait que tout à coup la sauce se lie, se transforme, s'épaissit : le feu accomplit son œuvre, transmutant le grumeleux en onctueux, la cohabitation inconfortable de matières disparates en une liaison homogène, unifiée, souple. Existe-t-il une commune mesure entre l'œuf cru au jaune tremblotant et au blanc visqueux et celui qu'il est devenu après quelques minutes de cuisson. Est-ce la même écrevisse qui de grise qu'elle était, encore grouillante de vie, rouge est devenue dans sa posture de mort ? le cuisiner par qui s'opèrent ces changements n'a-t-il pas dans son royaume d'ustensiles, d'ingrédients et d'étincelles de quoi faire pâlir d'envie le mieux loti des alchimistes ? [...]

Pourtant, le « bonheur » du cuisinier, ce n'est pas seulement de revivre chaque jour le miracle du feu dérobé à quelques puissance divine, c'est aussi le plaisir palpable de la flemme que l'on peut faire danser et vaciller à son gré, docile sous les doigts compétents du chef. La chaleur qui ne s'accompagne ni d'une flamme, ni de la plus petite incandescence laisse une sensation de gêne, d'inquiétude qui dissipe aussitôt la présence d'un feu clair, net, joyeux, mesurable et dont on sait d'où il vient : les plaques électriques des cuisinières modernes, sans feu, sans étincelles, bref sans preuves tangibles de cuisson, ont quelque chose d'abstrait et abstrait aussi nous semble être ce qu'on continue d'appeler scandaleusement « pot-au-feu » et qui frémit – quel paradoxe ! – sur le socle noir et triste de la cuisinière électrique. Qu'elle subisse l'épreuve du feu ou du froid, qu'elle soit écrasée, découpée, étalée, battue, ou macérée, la nourriture sortira transformée de ce lieu virtuose qu'est la cuisine, comme le lapin blanc ou les colombes du chapeau du magicien.

Noëlle Châtelet, *Le Corps à corps culinaire*, 1977.

DOCUMENT 2

L'univers n'est rien que par la vie, et tout ce qui vit se nourrit.

Les animaux se repaissent ; l'homme mange ; homme d'esprit seul sait manger.

La destinée des nations dépend de la manière dont elles se nourrissent.

Dis-moi ce que tu manges, je te dirai ce que tu es.

Le créateur, en obligeant l'homme à manger pour vivre, l'y invite par l'appétit, et l'en récompense par le plaisir.

La gourmandise est un acte de notre jugement, par lequel nous accordons la préférence aux choses qui sont agréables au goût sur celles qui n'ont pas cette qualité.

Le plaisir de la table est de tous les âges, de toutes les conditions, de tous les pays et de tous les jours ; il peut s'associer à tous les autres plaisirs, et reste le dernier pour nous consoler de leur perte. [...]

Le plaisir de manger est la sensation actuelle et directe d'un besoin qui se satisfait. Le plaisir de la table est la sensation réfléchie qui naît de diverses circonstances de faits, de lieux, de choses et de personnes qui accompagnent le repas. Le plaisir de manger nous est commun avec les animaux, il ne suppose que la faim et ce qu'il faut pour la satisfaire. Le plaisir de la table est particulier à l'espèce humaine ; il suppose des soins antécédents pour les apprêts du repas, pour le choix du lieu et le rassemblement des convives. Le plaisir de manger exige, sinon la faim, au moins de l'appétit ; le plaisir de la table est le plus souvent indépendant de l'un et de l'autre.

Ces deux états peuvent toujours s'observer dans nos festins.

Au premier service, et en commençant la session, chacun mange avidement, sans parler, sans faire attention à ce qui peut être dit ; et quel que soit le rang qu'on occupe dans la société, on oublie tout pour n'être qu'un ouvrier de la grande manufacture. Mais quand le besoin commence à être satisfait, la réflexion naît, la conversation s'engage, un autre ordre de choses commence, et celui qui jusque-là n'était que consommateur, devient convive plus ou moins aimable, suivant que le maître de toutes choses lui en a dispensé les moyens. D'ailleurs, on trouve souvent rassemblées autour de la même table toutes les modifications que l'extrême sociabilité a introduites parmi nous : l'amour, l'amitié, les affaires, [...] l'ambition, l'intrigue ; voilà pourquoi le conviviat touche à tout ; voilà pourquoi il produit des fruits de toutes les saveurs.

Brillat-Savarin, *Physiologie du goût*, 1825.

DOCUMENT 3

Après ses 4 mois révolus, votre enfant découvre la diversification alimentaire. Au lait s'ajoutent progressivement les légumes, les fruits, la viande, les féculents... C'est une étape importante du développement de l'enfant

LA DIVERSIFICATION ALIMENTAIRE : À QUEL ÂGE ET COMMENT ?

La diversification alimentaire consiste à introduire des aliments autres que le lait (aliments solides) dans l'alimentation du nourrisson allaité ou recevant du lait pour nourrissons. Elle conduit progressivement à une alimentation familiale vers l'âge de 1 à 2 ans.

L'âge de la diversification a beaucoup changé au fil du temps. Actuellement, la diversification est débutée chez un nourrisson en bonne santé au plus tôt après l'âge de 4 mois révolus et au plus tard à l'âge de 6 mois. La diversification chez les enfants à risque d'allergie est identique à celle des enfants non allergiques.

Il n'y a pas d'ordre particulier à respecter pour introduire les différents groupes d'aliments entre 4 et 6 mois : légumes, fruits, volaille, poisson, viande, œufs, légumes secs (lentilles, haricots, pois chiches...), féculents (pâtes, riz, semoule, pain même complets), produits laitiers. Les groupes alimentaires peuvent être introduits de façon concomitante en proposant quotidiennement des aliments différents.

Une fois la diversification commencée, il est recommandé d'introduire sans tarder les allergènes alimentaires majeurs tels que les produits laitiers, l'œuf et l'arachide, que l'enfant soit à risque d'allergie (personnes allergiques dans la famille) ou non.

Il est déconseillé de : commencer la diversification avant l'âge de 4 mois révolus ; la retarder au-delà de 6 mois, même chez les enfants à risque d'allergie alimentaire (père, mère, frère ou sœur allergique). Le lait pour nourrissons ne couvre pas suffisamment les besoins nutritionnels nécessaires au bon développement de l'enfant à partir de cet âge.

« La diversification alimentaire », publié en novembre 2021 sur ameli.fr

DOCUMENT 4

Quelle odeur sens-je en cette chambre ?
Quel doux parfum de musc et d'ambre
Me vient le cerveau réjouir
Et tout le cœur épanouir ?
Ha ! bon Dieu ! j'en tombe en extase :
Ces belles fleurs qui, dans ce vase,
Parent le haut de ce buffet,
Feraient-elles bien cet effet ?
A-t-on brûlé de la pastille ?
N'est-ce point ce vin qui pétille
Dans le cristal, que l'art humain
À fait pour couronner la main
Et d'où sort, quand on en veut boire,
Un air de framboise à la gloire
Du bon terroir qui l'a porté
Pour notre éternelle santé ?

Non, ce n'est rien d'entre ces choses,
Mon penser, que tu me proposes.
Qu'est-ce donc ? je l'ai découvert
Dans ce panier rempli de vert :
C'est un MELON, où la nature,
Par une admirable structure,
A voulu graver à l'entour
Mille plaisants chiffres d'amour,
Pour claire marque à tout le monde
Que, d'une amitié sans seconde,
Elle chérit ce doux manger
Et que, d'un souci ménager,

Travaillant aux biens de la terre,
Dans ce beau fruit seul elle enserre
Toutes les aimables vertus
Dont les autres sont revêtus.

Marc-Antoine Girard de Saint-Amant, « Le melon », 1643.

DOCUMENT 5

Visuel publicitaire de Chambourcy, 1979.

Le programme officiel

Thème : À table ! Formes et enjeux du repas

Problématique

Ne fait-on que s'alimenter quand on prend un repas ? Si se nourrir est une nécessité pour survivre, se mettre à table dépasse la satisfaction d'un besoin vital : par le rapport au temps qu'il engage, son anticipation ou son improvisation, le repas traduit quelque chose de notre humanité et des coutumes anthropologiques dans lesquelles elle s'inscrit. Dépassant le besoin naturel auquel elle répond, cette pratique, universelle, régulière, parfois itérative à l'occasion de célébrations, se réalise selon des formes et des organisations variées. Solitaire ou collectif, en famille ou entre amis, expéditif ou festif, frugal ou pantagruélique, sinistre ou dionysiaque, le repas est un rituel social, culturel, voire symbolique, dont la portée, les formes ou les enjeux expriment une part de notre rapport au monde, à l'autre, ou à une certaine conception de la civilité, voire de la civilisation.

Ce qui nous semble aller de soi, sous telle latitude – utiliser des couverts ou des baguettes, disposer ou non chez soi d'un espace dédié au repas, déjeuner à la maison ou à l'extérieur, dîner à 17 heures ou à 22 heures –, apparaît comme le fruit d'une lente évolution historique et obéit à des logiques souvent contingentes. Les formes du repas sont ainsi constitutives de notre sociabilité et de notre héritage culturel. De quelle maîtrise de soi et d'intégration au groupe fait-on preuve en respectant des manières de table ? Qu'échange-t-on, que partage-t-on au-delà de la nourriture ? Que se joue-t-il dans le rituel de la table, lieu de mise en scène par excellence, qui peut tour à tour tourner à la fête, au drame, à la scène de séduction, de révélation, à l'humiliation ou à la dérision ? Le repas est en effet un moment où se font et se défont des relations sociales, où se cristallisent des affects et des tensions, où se manifestent des rapports de pouvoir et des inégalités. C'est ainsi autant un objet d'étude privilégié des sociologues, qu'une préoccupation récurrente de la presse et des publicitaires. Car passer à table n'est jamais neutre : il s'y joue, s'y déjoue, s'y renoue ou s'y réinvente toujours plus ou moins un modèle, qu'il s'agisse de la Cène, des ripailles de Gargantua, du Festin de pierre ou des repas de noces dans les romans du XIXe siècle.

Motif infiniment feuilleté, tant littéraire que pictural, théâtral ou cinématographique, il traverse toute l'histoire des arts et des idées, du *Banquet* de Platon au *Charme discret de la bourgeoisie* de Luis Buñuel (où tout repas est empêché), alimentant à satiété l'appétit des créateurs comme la fascination des lecteurs et des spectateurs.

Et de nos jours ? Que deviennent ces arts de la table par-delà la généralisation de la malbouffe et l'engouement pour les fast-foods ? Qu'exprime et signifie la surexposition de la gastronomie au travers des émissions de téléréalité et des réseaux sociaux ? Ne mangerait-on désormais qu'à travers un écran ? N'y risque-t-on pas une uniformisation des traditions qui ont fait de la table le foyer vivant de la société, là où se fait ou se défait par essence le lien social ? Ou, au contraire, les cuisiniers, artistes et metteurs en scène contemporains n'inventent-ils pas une scénographie propre à interroger les mutations de notre sociabilité ?

Mots-clés

Cérémonie, rite, fête, réveillon, noces, banquet, agapes, buffet, festin, gueuleton, bringue, ripaille, quotidien, répétition ;

Convivialité, hospitalité, compagnie, copain, partage, joie, régal, invitation, plan de table, hiérarchie, ennui, malaise, dégoût, dispute, solitude ;

Manger, s'alimenter, se nourrir, se restaurer, se sustenter, se rassasier, absorber, bouffer, bâfrer, dévorer, ripailler, déguster, se régaler ;

Gourmet, fin palais, gros mangeur, anthropophage, ascète ;

Restaurant, brasserie, auberge, estaminet, taverne, gargote, cantine, rôtisserie, fast-food, kebab ;

Recette, menu, saveur, goût, consistance, texture, fumet, odeur, cru, cuit, froid, chaud, sucré-salé, gourmandise ;

Petit-déjeuner, brunch, déjeuner, lunch, pique-nique, casse-croûte, goûter, collation, thé, apéritif, dîner, souper, médianoche ;

Chef/cheffe, cuisinier/cuisinière, critique gastronomique, étiquette, guide, toque, étoiles, menu, entrée, plat principal, plat signature, dessert, service ;

Table, tablée, attablement, s'attabler, tablier, commensal, commensalité.

Expressions

Repas d'affaires, repas de famille, repas de fête, dîner galant, dîner mondain, table familiale, banquet républicain, plaisirs de la table, bon petit plat, recettes de grand-mère, cuisine bourgeoise, cuisine gastronomique, cuisine au beurre, cordon-bleu, gâte-sauce, malbouffe ;

Avoir une faim de loup, avoir un joli coup de fourchette, avoir un appétit de moineau, en avoir l'eau à la bouche, manger comme un cochon, manger avec un lance-pierre, manger sur le pouce, faire bonne chère, faire bombance, faire ripaille, faire gras, faire maigre, mettre les petits plats dans les grands, mettre les pieds sous la table, mettre les pieds dans le plat, casser la croûte, s'en lécher les babines ;

À table !, bon appétit !, qui dort dîne ;

À la bonne franquette, à la fortune du pot, entre la poire et le fromage, etc.

Littérature

Monica Ali, *En cuisine*
Guillaume Apollinaire, « Le repas » dans *Alcools*
Honoré de Balzac, *La Peau de chagrin*
Muriel Barbery, *Une gourmandise*
Julian Barnes, *Un homme dans sa cuisine*
Gautier Battistella, *Chef*
Karen Blixen, *Le Dîner de Babette*
Bertolt Brecht, *La Noce chez les petits bourgeois*
Noëlle Châtelet, *Histoires de bouches*
Agnès Desarthe, *Mangez-moi*
Laura Esquivel, *Chocolat amer*
Gustave Flaubert, les repas de noces dans *Madame Bovary* et *Salammbô*
Laurent Gaudé, scène du banquet dans *Le Soleil des Scorta*
Jim Harrison, *Un sacré gueuleton*
Homère, *L'Odyssée*
Horace, *Satires*, II, 8
Victor Hugo, *Ruy Blas, Lucrèce Borgia*
James Joyce, « Les Morts » dans *Gens de Dublin*
Agnès Jaoui, Jean-Pierre Bacri, *Cuisine et Dépendances* (pièce de théâtre)
Juvénal, *Satires*, II, 5
Maylis de Kerangal, *Un chemin de tables*
Herman Koch, *Le dîner*
Jean-Luc Lagarce, *Noce, Juste la fin du monde* (partie 1, scène 9)
Roy Lewis, *Pourquoi j'ai mangé mon père*
Guy de Maupassant, *Boule de suif*
Marsha Mehran, *Une soupe à la grenade*

Molière, L'Avare (III, 1), *Le Bourgeois gentilhomme, Dom Juan ou le Festin de pierre*

Marie NDiaye, *La Cheffe, roman d'une cuisinière*

Ito Ogawa, *Le Restaurant de l'amour retrouvé*

Pétrone, « Le Festin chez Trimalcion » dans le Satyricon

Francis Ponge, « Le Pain », « L'Huître », « L'Orange », « La Crevette » dans *Le Parti pris des choses*

Jacques Prévert, « Déjeuner du matin » dans *Paroles*

Rabelais, *Gargantua*

Edmond Rostand, « La Rôtisserie des poètes » dans *Cyrano de Bergerac*

Madame de Sévigné, lettre du 26 avril 1671, « L'honneur d'un chef » dans *Lettres*

William Shakespeare, *Titus Andronicus*

Martin Suter, *Le Cuisinier*

Anton Tchekhov, *La Noce*

Michel Tournier, « Les deux banquets ou la commémoration » dans *Le médianoche amoureux*

Émile Zola, « Le festin de Gervaise » dans *L'Assommoir, La Curée, Le Ventre de Paris* (début)

Essais

Paul Ariès, *La fin des mangeurs. Les métamorphoses de la table à l'âge de la modernisation alimentaire*

Jean-Baptiste Baronian, *Dictionnaire des écrivains gastronomes*

Roland Barthes, « Le bifteck et les frites » dans *Mythologies*

Marie-Claire Bataille-Benguigui et Françoise Cousin, *Cuisines, reflets des sociétés*

Alain Bauer, *Confessions gastronomiques*

Pierre Bourdieu, *La Distinction,* chapitre III

Jean-Jacques Boutaud (dir.), *L'Imaginaire de la table. Convivialité, commensalité et communication*

Jean Anthelme Brillat-Savarin, *Physiologie du goût*

Elsa Delachair, Johan Faerber, *La Cuisine des écrivains*

Jacky Durand, *Les Recettes de la vie*

Norbert Elias, *La Civilisation des mœurs*, chapitre IV

Érasme, *La Civilité puérile*, chapitre IV : Des repas

Michel Faucheux, Fêtes *de table*

Claude Fischler, *L'Homnivore : le goût, la cuisine et le corps, Les Alimentations particulières : mangerons-nous encore ensemble demain ?*

Michel Guérard, Mémoire de la cuisine française

Jean-Claude Kaufmann, *Casseroles, amour et crises : ce que cuisiner veut dire*

Pascal Lardellier, *Risques, rites et plaisirs alimentaires*

David Michon, *24 heures de la vie d'un restaurant*

Christian Millau, *Dictionnaire amoureux de la gastronomie*

Faustine Régnier, Anne Lhuissier, Séverine Gojard, *Sociologie de l'alimentation*

Ryoko Sekiguchi, *961 heures à Beyrouth*

Jean Vitaux, *Le Bouquin de la gastronomie*

Henriette Walter, *Les petits plats dans les grands : la savoureuse histoire des mots de la cuisine et de la table*

Films

Jon Avnet, *Beignets de tomates vertes*

Gabriel Axel, *Le Festin de Babette*

Ritesh Batra, *The Lunchbox*

Éric Besnard, *Délicieux*

Brad Bird, *Ratatouille*

Luis Buñuel, *Le Charme discret de la bourgeoisie*

Claude Chabrol, *Que la bête meure*

Charlie Chaplin, *La Ruée vers l'or*

Marco Ferreri, *La Grande Bouffe*

Gilles Grangier, *La Cuisine au beurre*

Peter Greenaway, *Le Cuisinier, le Voleur, sa Femme et son Amant*

Cédric Klapisch, *Un air de famille*

Richard Linklater, *Fast Food Nation*

Philippe Muyl, *Cuisine et Dépendances*

Alexander Payne, *Sideways*

Maurice Pialat, *Loulou, À nos amours*

Claude Sautet, *Garçon !*

Morgan Spurlock, *Super Size Me*

Danièle Thompson, *La Bûche*

Éric Toledano et Olivier Nakache, *Le Sens de la fête*

Christian Vincent, *Les Saveurs du palais*

Thomas Vinterberg, *Festen*

Luchino Visconti, *Le Guépard, Les Damnés*

Claude Zidi, *L'Aile ou la Cuisse*

Bandes dessinées / mangas

Yarō Abe, *La Cantine de minuit*

Alfonso Aitor et Jul, *La Faim de l'histoire*

Franckie Alarcon, *L'Art du sushi*

Aurélia Aurita, *La Vie gourmande*

Christophe Blain, *En cuisine avec Alain Passard*

Mathieu Burniat, *La Passion de Dodin-Bouffant*

Jacques Ferrandez et Yves Camdeborde, *Frères de terroirs*

Etienne Gendrin, *Comment nourrir un régiment*

René Goscinny et Albert Uderzo, *Astérix chez les Helvètes*

Jirô Taniguchi et Masayuki Kusumi, *Le Gourmet solitaire*

Arts plastiques

Motif du « sol non balayé » dans les mosaïques grecques et romaines

Œuvres de Brueghel l'Ancien, Léonard de Vinci, Le Tintoret, Véronèse, Nicolas Lancret, Le Caravage, Rembrandt, Jean-François Millet, Gustave Courbet, Édouard Manet, James Tissot, Gustave Caillebotte, Léon Frédéric, Auguste Renoir, Claude Monet, Vincent Van Gogh, Erro, Wim Delvoye, Daniel Spoerri, Jean-François de Troy, etc.

Ressources en ligne

Exposition Banquet, cité des Sciences : https://www.cite-sciences.fr/fr/au-programme/expos-temporaires/banquet#item-grid-123071

Podcast « Les Bonnes choses » : https://www.radiofrance.fr/franceculture/podcasts/les-bonnes-choses

Podcast « On va déguster » : https://www.radiofrance.fr/franceinter/podcasts/on-va-deguster

Podcast « Pas la peine de crier » (semaine du 26 mai 2014 consacrée au repas) : https://www.radiofrance.fr/franceculture/podcasts/pas-la-peine-de-crier/le-repas-1-5-manger-ensemble-2435141

Martine Gasparov, *La Philosophie du repas*, 22 septembre 2021 (BNF, La Philosophie du quotidien, cycle de conférences) : https://www.bnf.fr/fr/mediatheque/la-philosophie-du-repas

Podcast « Le Cours de l'histoire sur les menus de la Rome antique » : https://www.radiofrance.fr/franceculture/podcasts/le-cours-de-l-histoire/le-mardi-c-est-spaghettis-antiques-1969321#Echobox=1607445884

Podcast « Avec philosophie : Comment survivre aux fêtes de fin d'année ? » : https://www.radiofrance.fr/franceculture/podcasts/avec-philosophie/comment-survivre-aux-fetes-de-fin-d-annee-3788090

Revue : Denis Fleurdorge, « Manger dans la rue. Approche anthropologique d'une pratique sociale impossible », in « Alimentation, intervention sociale et société », *Sciences & Actions sociales*, 2021/1 (n° 14) : https://www.cairn.info/revue-sciences-et-actions-sociales-2021-1-page-48.htm

Partie I

Étude du thème et points de méthode

Étude 1

Les repas se mettent à table[12] : formes et significations

Le repas est communément considéré comme un moment de partage, d'échange et de convivialité. On met les pieds sous la table[13] pour se retrouver en bonne compagnie[14], avec des amis ou sa famille. Cependant, Les tables peuvent être des façons de montrer son pouvoir, ou bien de signifier la hiérarchie et les rôles associés aux convives. Certains repas sont même l'occasion d'actes religieux[15]. Par ailleurs, du banquet d'Astérix au pique-nique partagé sur l'aire d'autoroute des vacances, les formes des repas varient. De même qu'un dîner au restaurant ne symbolise pas la même chose qu'un repas pris sur le pouce. Il est intéressant de commencer ce parcours vers les grands enjeux du repas en questionnant l'évidence d'une signification homogène du repas : loin de signifier toujours la même chose, les manières de se mettre à table semblent au contraire orienter la signification des repas. En proposant de mettre le mot forme au pluriel, le thème rappelle que ces tables sont diverses, et que cette diversité peut initier quelques-unes des grandes questions culturelles. Avec les couverts et tout ce qui couvre la table, elles traduisent la médiation culturelle, voir la ritualisation, face aux alimentations plus instinctives des plantes et des animaux. Dès lors, comment appréhender les apparences variables du repas ? Approche initiale aux grands enjeux du thème, le décryptage des

---

12. Mot-clef du thème : l'expression contient un sens figuré, dire quelque chose que l'on tentait de cacher, qui provient de la connotation du moment du repas comme lieu propice aux révélations. Une explication plus probante renvoie aux aveux faits aux policiers, lesquels privaient le suspect de nourriture pour les obtenir. L'article du document 1 revient sur le sens de cette expression populaire.

13. Péjorative, l'expression « mettre les pieds sous la table » signifie « s'attabler sans avoir aidé à préparer le repas ».

14. Mot clef du thème : la compagnie, c'est-à-dire le fait d'être réuni ensemble, renvoie à la commensalité (autre mot-clef du thème) qui désigne le fait de partager ensemble un repas. Du latin *Cum mensa* signifiant « à table avec ».

15. Liste non exhaustive issue des religions les plus représentées : Le Seder de Pâque, L'Eucharistie, Le réveillon de Noël, L'Aïd al-Adha, Diwali.

différentes tables du repas permet de souligner que même les pratiques les plus coutumières ne sont jamais anodines, comme le montre le **document 2**. Dans tous les cas, se mettre à table c'est adopter une posture particulière, que le pique-nique seul vient parfois bousculer. Si s'asseoir à table sépare radicalement de l'instinct naturel, à quoi renvoient culturellement les tables du repas ? Si « rien » dans les manières de table ne « va de soi » comme le prétend Norbert Élias, il n'est pourtant pas toujours aisé de qualifier le sens derrière le signe, et cette analyse des formes peut se heurter aux risques des stéréotypes et de faux-semblants. Il convient donc de compléter ce tour d'horizon par une attention particulière aux situations de table. Et d'aborder ensuite un à un les enjeux que ce panorama de départ ne fait qu'évoquer.

1 Les banquets : entre codes sociaux et célébration

- Comment se met-on à table ? L'imaginaire des repas convoque communément les représentations associées aux banquets. Pour cause : ceux-ci contiennent un large panel de significations. « Le banquet, invitation expresse à l'intempérance », écrit Emmanuel Kant à la fin du premier chapitre de la « Doctrine de la vertu » (*Métaphysique des mœurs*), peut renvoyer aux buffets, aux festins, aux ripailles[16] festives. Si le banquet se définit comme un « repas d'apparat rassemblant de nombreux convives pour célébrer un événement important »[17], l'ouvrage *La sociabilité à table : commensalité et convivialité à travers les âges*[18] identifie de nombreux attributs : occasion de rassemblement des membres d'une communauté, lieu de partage et de communion, moyen de la hiérarchisation sociale des convives. Notons que ces fonctions associées au banquet ne sont pas toujours réunies, quand elles ne se heurtent pas.

16. Champ lexical de la fête associée au repas, ces mots du thème rappellent que le banquet est une invitation à la fête par la volupté hédoniste. Mais cette intempérance n'est pas systématique, certains banquets imposants des règles et rites à respecter. Dans le film Les Visiteurs avec Christian Clavier et Jean Reno, on retrouve l'expression faire « bonne ripaille », traduisant un festin de bons-vivants. Le mot buffet est quant à lui polysémique, s'il peut être associé à ce champ lexical, il contient des significations plus neutres.

17. Mot-clef du thème pour lequel nous citons la définition du CNRTL. Le mot banquet, attesté dès 1309, a bien été construit à partir du mot français banc (1050), issu du germanique « banks », qui désigne un banc courant tout autour de la chambre contre les parois. En effet, dans le banquet, les convives mangent assis sur des bancs disposés autour des tables.

18. Publication de l'Université de Rouan, 1992. On lira avec intérêt la seconde partie (À table, hiérarchie ou égalité) et la troisième (Commensalité et convivialité).

- Dans les banquets de l'Égypte antique jusqu'à ceux de la Renaissance, le banquet permettait d'étaler ses richesses et d'accroître ainsi son prestige. Les hôtes présentent et offrent aux convives des mets abondants. De même, le banquet imprime des codes, des normes, des rites[19] et souligne l'importance d'une forme de scénarisation, dans laquelle chacun est attentif à son rôle. Nous pouvons le constater à travers le déroulé temporel de l'arrivage des plats, jusqu'au service à la française[20]. Le **document 3** montre une facette toute autre que celles des repas de banquet qui closent les fins d'album de la série de bande dessinée Astérix. Ces festins insistent sur la fête, la cohésion sociale, la célébration collective, quand ils ne renvoient pas à l'imaginaire du gueuleton[21]. À l'inverse, on peut voir sur l'enluminure des convives disposés en U et non en cercle, et une nette distinction des rôles (seigneur au centre à droite, surélevé, invités autour de lui).

- Le banquet peut aussi renvoyer à un rassemblement corporatiste, de participants ayant les mêmes idées. À ce titre, la table du banquet n'est pas que simple support des mets, elle convoque une dimension symbolique. C'est ce que nous retrouvons dans les expressions « Banquet patriotique », « maçonnique » ou « symbolique ». C'est dans cette perspective que Flaubert parle dans sa *Correspondance* (1847) du banquet réformiste, rassemblant des membres de l'opposition à la fin de la monarchie de

---

19. Mot-clef du thème : le rite est une pratique sociale codifiée, de caractère sacré ou symbolique, destinée à susciter l'engagement émotionnel des participants au service d'une même attente ou dans le cadre d'un culte. Ainsi, le rite ne renvoie pas toujours au repas. Par ailleurs, le terme n'est pas exclusivement religieux, puisqu'ils rythment très souvent les actes quotidiens de la vie des humains, des rituels que l'on se forge au réveil, jusqu'aux façons de sa saluer dans un groupe particulier.

20. Historiquement associé aux grands banquets aristocratiques, le service à la française s'est modernisé avec le temps tout en conservant son esprit d'opulence et de générosité. Cette méthode traditionnelle de service de repas se caractérise par la présentation simultanée de plusieurs plats sur la table, par séquences, permettant aux convives de se servir eux-mêmes selon leurs préférences. On va d'abord servir les hors-d'œuvre, les entrées, les potages. Puis, dans la séquence suivante, on propose les viandes et les poissons en sauce. Viennent ensuite la séquence des grands mets salés, des rots et des salades, avant celle des légumes, des tourtes, des entremets chauds, des fromages. Le service s'achève avec les desserts, les fruits, les compotes, les glaces.

21. Mots-clefs du thème : plusieurs mots-clefs peuvent être rattachés à l'imaginaire des repas dans Astérix : le gueuleton d'Obélix engloutissant des sangliers se rapproche de la démesure dans la gourmandise et l'ivresse, les derniers repas des albums sont des célébrations du bonheur retrouvé pour le village qui a traversé les péripéties de l'histoire. Rabelais invente dans la *Quart-Livre* (1552) le néologisme gastrolâtre (du grec *gaster* l'estomac et latrès adorateur) que Balzac déclinera dans *Le Cousin Pons* avec un monomane gourmand aux « habitudes gastrolâtriques ».

Juillet : « J'ai assisté à un banquet réformiste ! Quel goût ! quelle cuisine ! quels vins ! et quels discours ! Rien ne m'a plus donné un absolu mépris du succès, à considérer à quel prix on l'obtient. »

- Le banquet contient parfois une dimension spirituelle, comme en témoignent les « Banquets des dieux » dans la Rome antique, expression qui renvoie aux repas où l'on supposait que les dieux se retrouvaient avec Jupiter. La religion chrétienne utilise aussi cette acception et lui donne une place centrale. *La Cène* (▶ **Doc. 4**), célèbre fresque murale de Léonard de Vinci, reproduit ainsi le dernier repas du Christ, un des moments les plus importants de l'Évangile. Pour les chrétiens, la parole performative « prenez, ceci est mon corps » fait de l'aliment du banquet le lieu d'une communion au divin, que le rite de la messe retiendra. Le banquet est ici l'agape[22], dont l'étymologie renvoie à au sens le plus haut de l'Amour chez les Grecs : divin, inconditionnel et tourné vers les premiers principes. Après la communion de la messe, nous retrouvons celle de l'expression « banquet des félicités éternelles », périphrase de la vie de béatitude, c'est-à-dire de vie avec Dieu au paradis. Or, pour les catholiques, cette vie se conçoit dans la communion des saints.

- Enfin, le banquet spirituel peut aussi signifier la vie de l'esprit au sens large. C'est ainsi que la philosophie occidentale contient des dialogues notables, dont *Le banquet* de Platon, le plus célèbre, mais aussi celui de Xénophon qui lui fait écho. On peut mentionner par ailleurs *Le banquet des sept sages* de Plutarque. Ces textes font de cette première forme du repas le moyen d'un échange philosophique abordant les grandes questions humaines. C'est pourquoi il nous faut continuer la phrase de Kant avec laquelle nous avons initié cette première partie : « Le banquet, invitation expresse à l'intempérance [...] comporte pourtant, outre l'agrément purement physique, une fin morale, à savoir : réunir longuement beaucoup d'hommes en vue d'une communication réciproque. »

- Si l'imaginaire du repas fait rapidement penser aux banquets, le plaisir de manger est d'abord associé à la couverture d'un besoin physiologique : se nourrir. Aussi, les repas ordinaires ont-ils une grande importance dans la vie de tout un chacun. Ils synthétisent les conventions sociales d'une société à une époque donnée. Les romanciers des XIXe et XXe siècles s'y sont notamment beaucoup intéressés.

---

22. Mot-clef du thème : les agapes sont, dans le paléo-christianisme, des repas à caractère religieux, dont le but est d'entretenir l'amour (ἀγάπη) dans la communauté chrétienne locale.

2 Les tables du quotidien forgent la famille

- Le repas de famille ou entre amis, pris dans l'intimité, est souvent utilisé en art pour présenter les personnages ou faire naître de douloureuses révélations. Le film *Festen* de Thomas Vinterberg est très intéressant pour découvrir ce double rôle : le repas mis en scène affiche des rôles bien distincts pour les membres de la famille, mais cristallise aussi les révélations au cœur du récit, par le discours du fils qui bouscule les normes établies. Loin d'être intime et habituel, ce repas d'anniversaire du père à plusieurs dizaines d'invités semble ne ressembler en rien à ceux du quotidien. Dès lors, faut-il penser ces derniers comme des anti-banquets ? Les repas familiaux du quotidien semblent plus anodins mais étonnent tant par leur diversité que par la richesse des questions qu'ils soulèvent. Ce qui est valable dans le banquet apparaît de façon diffuse dans bien des repas de famille. Communément, le repas de famille est compris comme le moment où la famille se retrouve et où se forge la cohésion. Jean-Luc Lagarce dans la pièce de théâtre *Juste la fin du monde* présente ainsi une famille qui se retrouve pour un repas du dimanche midi. Un des personnages, Louis, absent de nombreuses années, vient pour annoncer sa mort, sans y parvenir, rappelant ce rôle du repas pour parler des sujets familiaux, mais aussi des rituels et des codes qui régissent de façon plus ou moins tacite la commensalité familiale. C'est aussi ce que montre la demande entretenue dans certaines familles de pouvoir « sortir de table ». L'étude « À table de famille », de Fairley Le Moal montre que le partage du repas est traditionnellement associé à l'idée de cohésion. Mais l'auteure souligne que les repas de familles présentent des situations multiples contenant certaines limites (▶ **Doc. 5**). De plus, elle explique en quoi le mode de socialisation des repas du quotidien, qui semble moins balisé que celui des banquets, varie selon les époques et les régions du monde.

- En littérature, bien des auteurs font de la table familiale le prisme de la peinture socio-culturelle de leurs récits. Au XIXe par exemple, la famille restreinte devenant, pour la bourgeoisie, la cellule sociale de base, le repas familial prend une importance capitale. Moment récurrent de la vie quotidienne, il est le lieu où sont mis en place les comportements adéquats, sont confortés les hiérarchies, les places et les rôles, sont noués les liens affectifs et où le plaisir est contrôlé. Le repas du quotidien est l'expérience par excellence du vivre ensemble tant la table convoque des invitations et des diktats qui rendent tangibles les représentations sociales. Sans parler des interdits religieux qui régissent parfois les tables, la relation d'une cellule familiale à la sobriété ou à l'excès de tel ou tel aliment oriente la façon dont la famille se connaît. Bien évidemment, les mets et la codification parlent aussi de la classe sociale dont est issue la famille. Entre le snobisme des ingrédients recherchés et l'alimentation ultra-transformée, tout parle dans les repas quotidiens, et surtout le rang dans le monde. Zola l'a bien compris : nul besoin du faste des banquets pour que les disparités sociales se manifestent. Dans Germinal, le romancier naturaliste met en opposition deux types de repas ordinaires, deux petits-déjeuners : celui des Grégoire et celui des Maheu. Le premier donne à voir comment se nourrit une famille bourgeoise, le second une famille ouvrière (▶ **Doc. 6**). Chez les Grégoire, l'aisance est toute entière investie dans la cuisine, centre vital et symbolique de la maison. Ils n'ont aucun effort à faire pour assurer leur subsistance et vivent dans l'abondance. Chez les Maheu, réduits à la misère, règnent la prévoyance et le souci du partage équitable. Dans ces deux extraits, la nourriture sert de métonymie pour exposer deux modèles économiques contraires : la circulation endogame du capital et le partage des ressources.

- Il est délicat de décrire avec certitude les caractéristiques du repas familial sans complexifier le discours et faire appel à des études sociologiques que ces quelques pages ne pourraient rassembler. Martin Latreille et Françoise-Romaine Ouellette proposent dans « Le repas familial. Recension d'écrits »[23] une synthèse des marqueurs analysés en sciences sociales par différents auteurs et études. Ils montrent ainsi que, pour plusieurs chercheurs, le repas est l'architecte de la vie familiale : il dit la famille, et même « la fait », pour certains sociologues. Autrement dit, le repas serait au principe même de la famille, de sorte que « pour certains commensaux, d'ailleurs, être ensemble importe davantage que la nature des conversations qui se déroulent autour de la table ». Par ailleurs, une des fonctions récurrentes du repas consiste à établir une frontière sociale entre les commensaux, dans le cas présent, la famille – le « nous » – et les étrangers – les « autres ». Dans son essai de typologie de la commensalité[24], le sociologue Claude Grignon qualifie de ségrégative cette forme de commensalité qui fixe ou rétablit des frontières entre divers groupes au sein de sociétés hiérarchisées. C'est le cas, par exemple, de l'interdit de commensalité entre membres de différentes castes en Inde. De façon comparable aux réceptions offertes à L'Élysée ou aux repas servis dans des clubs privés. Dans la mesure où le repas familial fait cette distinction entre un « nous » et un « non-nous », nous pouvons le qualifier de ségrégatif.

- Préparer un repas dans une famille peut dans ces conditions renforcer l'identité préexistante ou faire évoluer la famille par un apport culturel différent. Ainsi, dans le film le *Festin de Babette*[25], la cuisinière

---

23. Étude pour l'Institut national de la recherche scientifique (INRS) du Québec, 2008. https://espace.inrs.ca/id/eprint/4988/1/LeRepasFamilial.pdf

24. Claude Grignon, « Commensalité et morphologie sociale : un essai de typologie » Berg Publishers, 2001.

25. Adapté d'une nouvelle de Karen Blixen, ce film a été réalisé en 1987 par Gabriel Axel.

– ex-communarde, ancienne chef du café anglais (un grand restaurant parisien), domestique de deux sœurs évangélistes danoises – réalise un extraordinaire dîner à la française. Elle transmet à travers ce repas son patrimoine français à ses convives aux mœurs austères, au départ réticents à la démarche mais qui vont vite être joyeusement étonnés au cours de leur dégustation par la finesse de ce repas inattendu. Tout le film est orienté sur la préparation et la scène du dîner, nous donnant à voir les rapports humains avec cette communauté danoise, entre réflexe de ségrégation et ouverture au monde. Babette va par exemple commander des ingrédients raffinés depuis la France, ce qui va inquiéter les deux sœurs qui vont fantasmer un repas cauchemardesque. Elles ont en effet l'habitude de manger de la soupe aux légumes et du pain. La table est soignée d'une nappe blanche repassée, de bougies et d'une vaisselle raffinée, décorée de motifs floraux. Au menu est servi un repas de luxe : soupe de tortue géante, blinis Demidoff, cailles en sarcophage au foie gras et sauce aux truffes, salade d'endives aux noix, fromages, savarin et salade de fruits glacés, fruits frais, baba au rhum. Ce film symbolise la réunion et le repas comme levier du dialogue.

3 De la révolution du restaurant aux adresses d'aujourd'hui

- Le restaurant débute avec un évènement d'apparence anodine. À l'automne 1765, Mathurin Roze de Chantoiseau fait servir une volaille au gros sel accompagné d'œufs frais sur une petite table de marbre dans une ancienne boulangerie près du Louvre. Précédent la Révolution la plus célèbre de cette seconde partie du siècle, Chantoiseau contourne une série d'interdits et de privilèges de l'Ancien Régime, lesquels empêchaient qu'un particulier puisse nourrir ses semblables dans un établissement clos, avec table particulière, tarif et menu[26]. Les repas étaient jusqu'alors réservés aux traiteurs (sans tables) et aux aubergistes (sans table individuelle et carte du menu). Si bien que pour manger en dehors de chez soi au milieu du XVIIe siècle sans être aristocrate, on se rend à Londres dans les tavernes anglaises. Chantoiseau fait inscrire une devise sur l'enseigne qui traduit à la fois le désir d'abondance, l'ambition du libre marché et le flair commercial[27] de ce premier restaurateur : « venez à moi, vous dont l'estomac souffre, et je vous restaurerai ».

26. Cette histoire est racontée par Éric Besnard dans le film *Délicieux* (2021).

27. Notons le détournement humoristique de la célèbre formule de l'Évangile selon Saint Mathieu : le contexte catholique du XVIIIe relié à la monarchie de droit divin cohabite avec le succès grandissant de la philosophie des Lumières et des penseurs athées ou agnostiques. Jouant sur l'entre-deux, sa devise fit mouche.

- Durant la Révolution, ce type d'établissement connaît un essor fulgurant, les restaurants se multiplient et traduisent l'évolution sociale, de la civilité aristocratique aux mœurs bourgeoises et témoigne des mutations politiques. Les cuisiniers des princes quittent leurs maîtres en fuite et ouvrent leurs établissements. Ce transfert est accompagné par celui du personnel, des recettes, des rites, des principes gastronomiques, de la table aristocratique à la table restauratrice. Antoine Beauvilliers par exemple, quitte en 1786 la cuisine du Comte de Provence, frère du Roi, ouvre son adresse au Palais-Royal. Celle-ci prospère à partir de 1789 avec un menu extrêmement riche dans un cadre soigné, réservé à une nouvelle élite.

- Avec les premiers restaurants, se mettent en place de nouvelles manières, de nouvelles règles de service : on apporte les plats successivement[28] avec le service dit « à la russe », pour qu'ils restent chauds. L'heure du déjeuner à la fourchette se fixe vers midi et le dîner est proposé en début de soirée, après la succession dîner/souper en vogue jusqu'alors. On retrouve trace de cet esprit aristocratique dans la pièce de théâtre de Jean-Claude Brisville « Le souper », écrite en 1989. Celle-ci raconte le repas décisif du 6 juillet 1815 à minuit, dans l'hôtel particulier de Talleyrand. Fouché s'est y rendu à l'invitation de Talleyrand pour parler affaires. Napoléon a abdiqué et Paris est occupé par les troupes coalisées. On s'interroge alors sur la nature du gouvernement à donner à la France. Dehors, des émeutiers sont contenus avec difficulté par le service d'ordre de la capitale.

- Le film adapté de la pièce fait bien voir l'enjeu politique[29] derrière cette forme qui contraste déjà avec les décennies d'avènements du restaurant. Il faut ajouter que cette confrontation du restaurant face aux soupers aristocratiques est très bien cristallisée à travers la figure d'Antonin Carême. Celui-ci était en effet le jeune cuisinier de Talleyrand, qui s'en sert comme un moyen de sa « diplomatie gourmande ». Après avoir régalé toutes les têtes couronnées, cet inventeur de la toque, surnommé « le roi des chefs et le chef des rois » est rapidement considéré comme le meilleur des artistes cuisiniers, notamment pour ses sublimes recettes architecturales. Véritables monuments culinaires, pensés selon les règles de la perspective et du nombre d'or, ils traduisent une volonté d'appliquer à la cuisine les principes des beaux-arts. À travers lui, les restaurants vont chercher un idéal de haute gastronomie. Outre la toque et les

28. La première partie sur les banquets aristocratiques était l'occasion d'expliquer le service à la française, qui permettaient de présenter par segment tous les plats d'un service en même temps, pour mieux impressionner les convives.

29. On peut aussi faire appel à cette référence pour souligner l'enjeu esthétique de la table, notamment à travers la scène de la dégustation du Cognac, qui oppose deux rapports à l'aliment déjà évoqués, celui du gourmand et du gourmet.

plats calqués sur les idéaux des beaux-arts, on lui doit l'élaboration de nouvelles sauces. Il publia en effet une classification de toutes les sauces en quatre groupes de base : la sauce allemande, la sauce béchamel, la sauce espagnole et le velouté.

- Après l'avènement du restaurant, qui remplace les tables aristocratiques et permet aux fortunés de connaître d'autres formes que celles du repas familial, les restaurants vont s'adapter à toutes les bourses. Le mot entre dans le *Dictionnaire de l'Académie française* en 1835 avec un sens quasi pharmacologique : « qui restaure, qui répare les forces, employé plus ordinairement comme substantif » auquel ils ajoutent un sens moderne : « se dit par extension de l'établissement d'un restaurateur ». Cet essor (on en compte 300 en 1804, 2 000 en 1834) s'accompagne bientôt d'une diversification géographique (du Palais-Royal vers les boulevards, puis de Paris au reste du monde). Cette diversification ne va pas sans une hiérarchisation des établissements, image de la hiérarchie sociale. En tête, les restaurants « à la carte » destinés aux « grosses bourses », comme l'indique ironiquement le *Guide Conty* de 1855[30]. À leurs côtés, on trouve toute une variété d'établissements destinés aux bourses moyennes, les « restaurants à prix fixe ». Puis les « bouillons » reçoivent une clientèle moins fortunée en cassant les prix et proposant une restauration « à la chaîne ». Les brasseries se développeront sous le second Empire puis avec la perte de l'Alsace-Lorraine. La bière d'Alsace commence alors sa conquête de la capitale, aidée par l'ouverture de la ligne de chemin de fer Strasbourg-Paris. Après la première bière pression servie à la brasserie Bofinger près de Bastille en 1870, de nombreux Alsaciens ouvrent des établissements pour proposer bière et cuisine du pays : Floderer, Lipp, Zeyer, Muller, etc. Au seuil du XXe siècle, une vaste gamme d'établissements avec une échelle de prix et de propositions très nuancées, du bouillon populaire au palace, irriguent la capitale, servant de modèle aux restaurants du monde entier. Le restaurant devient le signe même d'une civilisation parisienne copiée partout, mais inégalée à l'époque.

- Au fil du XXe siècle, le guide Michelin, créé à l'occasion de l'exposition universelle de 1900 et distribué gratuitement pour promouvoir le développement de l'automobile, distingue les bonnes adresses. La fameuse étoile ne fait son apparition que deux décennies plus tard pour souligner les « bonnes tables », suivie en 1931 d'une deuxième puis d'une troisième, récompense ultime saluant une cuisine « remarquable, qui vaut le voyage ». Le guide rouge trouve aujourd'hui quelques concurrents de par le monde, mais continue de classer les tables les

30. Le célèbre film d'animation *Ratatouille* de Brad Bird (2007), permet de servir sur un plateau tous les clichés de la France vue par Hollywood, mais a le mérite de faire voir à tous cette époque qui mettait la gastronomie au premier plan.

plus prestigieuses du monde. Le **document 7**, extrait du roman policier *Étoiles filantes* fait parler l'inspecteur suisse d'assurances Rössli, lequel décrit avec une certaine distance critique le classement du Michelin. Aujourd'hui, la hiérarchie évoquée plus haut a été bousculée par des classements multicritères, notamment avec l'avènement des plateformes comme Tripadvisor. Cependant, on distingue quelques grands types d'établissements : les restaurants familiaux dont l'esprit se veut relié à celui des repas de famille, les gastronomiques et les tables bistronomiques (néologisme qui associe une cuisine de chef avec l'état d'esprit des bistrots populaires), les restaurants à buffets qui font appel à l'esprit des banquets et connotent la facilité et la rapidité. Rapidité particulièrement flattée dans les fast-foods, dont la mentalité vient en large partie de l'influence des États-Unis.

- La forme de repas associé au lieu du restaurant nous permet de nous installer autour d'une table où nous nous faisons servir. Le restaurant, dans la forme et l'usage du repas qu'il propose lorsqu'il est traditionnel et ancré dans une région, permet, outre le classement précité, de partager le patrimoine d'une région. Dans le livre *Mãn* de Thuy Kim, la narratrice fait revivre son pays perdu grâce à ses plats, où un jour une soupe émeut jusqu'aux larmes l'un de ses clients, et c'est toute sa terre que l'homme retrouve à chaque cuillerée. Et si, par extension, le temps du repas devenait un moyen pour investir et découvrir un territoire ? Le pique-nique est une forme de repas qui répond bien à ce questionnement, et complète la cuisine de terroir servie dans les restaurants traditionnels. Ce terme fait son apparition au XVIIIe siècle, et, dans sa définition tirée du dictionnaire, désigne un repas pris en plein air au cours d'une promenade.

4 Quand les repas sortent de table

- Si la table est le moyen du rapport culturel à l'alimentation, les formes de prise de repas humaines contestent parfois le support même de la table. En redeviennent-elles animales ? Rien n'est moins sûr. Il semble au contraire qu'elles permettent de questionner l'opposition entre la temporalité du repas pris à table et l'immédiateté de la bête satisfaisant son besoin de nutrition. Tour d'horizon de ces repas sans table et des pistes interprétatives qu'ils contiennent.

- « Manger dehors, c'est créer quelque chose, inventer un événement. C'est imaginer un lieu de rencontre, s'y donner rendez-vous et s'exposer à une part d'inconnu. Ode aux pique-niques, à ces repas joyeux grâce auxquels on s'approprie un bout d'espace extérieur », écrit Émilie Laystary dans « Vive le pique-nique » pour le premier numéro d'Ilôt magazine en 2020. Dans sa forme habituelle, on y déploie généralement une grande nappe à même le sol, faisant office de table. La nappe disposée au sol permet alors aux convives de s'installer et de déguster leur repas tout en profitant de la nature qui les entoure. La nappe à carreaux rouges et blancs devient l'élément référence de cette façon de manger. Ce qui fait le charme du pique-nique, c'est aussi le cheminement de la nourriture jusqu'au lieu de pique-nique. Il faut penser au voyage des aliments dans des supports de conservation solides et préparer la nourriture en amont, pour la partager ensuite. Expression d'un mode de repas populaire, la vaisselle se fait jetable : gobelets en carton côtoient les assiettes en plastique. Le pique-nique évoque aussi les vacances, les soirées d'été ; festifs et peu chers, ils traduisent l'esprit de liberté. Les déjeuners en plein air sont une pratique ancienne. Dans *Le plaisir des champs* (1583-1604), Claude Gauchet raconte en vers l'installation du repas sur l'herbe (▶ **Doc. 8**). Le mot pique-nique est attesté dès le XVIIIe siècle dans le *Dictionnaire de l'Académie française* (1762) puis dans la Littré qui en parle comme d'un « repas de plaisir où chacun paye son écot, que ce soit en payant sa quote-part d'une dépense de plaisir, soit en apportant son plat dans la maison où l'on se réunit. ». Les célèbres *Déjeuners sur l'herbe* de Manet et de Claude Monet conservés à Orsay inscrivent le pique-nique dans la tradition du repas, lui assignant des connotations passionnantes pour revenir au plaisir de la table évoqué au début de notre mise en bouche. Celui de Manet (▶ **Doc. 9**) est une composition plutôt que la figuration d'une réalité. Il fit scandale en 1863 au « Salon des Refusés », la femme nue parmi les deux hommes habillés choqua : la scène paraissait sous-entendre des relations autres que celles de la convivialité et de l'amitié. Sur les vêtements féminins étalés au sol, l'artiste a peint une nature morte représentant des fruits de différentes saisons. Le panier est renversé et le désordre volontaire indique pour certains que la partie fine est terminée. Ou bien s'agit-il du repos du modèle pendant une séance de nu ? Dans tous les cas, ce tableau suggère la liberté de mœurs de la vie de bohème, loin des conventions des banquets, des normes familiales ou des codifications parfois imposées dans les restaurants.

- À côté du pique-nique, manger sans s'attabler est contenu en français dans l'expression « sur le pouce », désignant ces prises de repas introduisant une temporalité différente. À côté du sandwich mangé en marchant, fleurissent bien d'autres formes de repas rapides : le *finger food* rassemblant des bouchées destinées à être consommées debout et sans couverts mais parfois proposées sur des buffets, le *snack* ou le *fast-food*[31] ou les stands proposant des plats traditionnels en version express (part de pizza, crêpes, etc.), il existe bien des déclinaisons des

31. Communément associées dans les usages, ces deux termes d'origine anglaise se distinguent : le *fast-food* insistent sur la prise rapide d'un repas, là où le *snack* traduit en français par grignotage met l'accent sur le caractère léger (en quantité tout du moins) du met consommé.

repas sans table. L'expression « sur le pouce » fait référence aux ouvriers qui, lors de leurs pauses repas, utilisaient un couteau pour couper leur pain et leur nourriture qu'ils mettaient ensuite dans leur bouche en s'aidant du pouce. Cependant, cette image d'Épinal de l'époque industrielle n'est pas si figée et l'expression semble faire appel à d'autres significations. C'est ce que montrent en tout cas Julien Ponceblanc et Jérôme Sorrel dans le guide « Bien manger sur le pouce à Paris » (2006) : il ne s'agit plus seulement de déjeuner debout, sans assiette et sans s'attabler, il s'agit en outre de « manger beau, bon et sain en trente minutes et sans se ruiner ». Le repas sur le pouce concerne désormais moins les paysans et les ouvriers que les masses urbaines d'employés de bureau. Ce mode de restauration alimentaire donne lieu à un paysage commercial spécifique dans les grandes villes, dont certains lieux sont marqués par la « snackisation » : pôles d'échange, centres d'affaires, quartiers touristiques, alentours des universités. Il ne s'agit pas seulement de quitter la table mais, à l'instar des déjeuners sur l'herbe, d'étendre la table hors de ses limites traditionnelles.

DOCUMENT 1

La formule est souvent entendue à l'heure des repas de famille ou des déjeuners entre amis. Mais d'où vient-elle ?

Un parfum de sauce au poivre embaume la salle à manger. La casserole fumante est sur son dessous-de-plat. Les assiettes sont mises, le couvert aussi. La vinaigrette est prête, les serviettes, dans leurs ronds. Il ne manque plus maintenant, que les invités pour commencer à dîner. Alors, pour éviter de courir le marathon des chambrées, le maître de maison décide de pousser un cri : « À table ! ». L'appel est bien compris pour celui qui a les crocs. Aussi, comme un seul homme, l'assemblée se réunit autour des mets pour « se mettre à table ». Mais d'où vient donc cette expression ? A-t-elle toujours été un synonyme de repas ? Rien n'est moins sûr...

Car à l'origine, ainsi que nous le rappelle l'auteur Georges Planelles dans son livre Les 1 001 préférées des Français, la formule ne vient pas de nos casseroles. Ou du moins, de son sens littéral. Car, elle était en effet employée lorsque l'on voulait faire passer un individu à la casserole... Expliquons-nous.

Mettre la table pour mieux la démonter

À l'époque, dans la deuxième moitié du XIXe siècle, quand les policiers voulaient faire avouer à un truand ses crimes, il était d'usage, pour le faire craquer, de le priver de nourriture. Ainsi, lorsque cette dernière fripouille venait à cracher le morceau et confesser ses torts, on disait qu'elle pouvait regagner le droit de manger et ainsi, celui, de « se mettre à table ». C'est donc tout naturellement que la locution nous est restée associée à l'idée de déjeuner.

Notons pour l'anecdote que l'expression « mettre la table » n'a rien à voir avec les bandits. Ainsi que le rappelle Claude Duneton dans son livre La puce à l'oreille, lorsque l'on disait « mettre la table », à l'époque médiévale, cela signifiait littéralement poser des planches (du latin *tabula*, « table ») sur des tréteaux.

Si les tables n'étaient pas inexistantes – on en trouvait des petites appelées « dais » – et pouvaient accueillir une trentaine de convives, ces dernières étaient toutefois démontées à chaque fin de grand dîner pour éviter de perdre de la place. « Contrairement à ce que l'on imagine, note l'auteur, l'espace dans les anciens châteaux forts était plutôt limité ». Et voilà le fin mot de notre histoire !

Alice Develey, « Pourquoi se "met-on à table" » ? pour *lefigaro.fr*, 11 février 2018.

DOCUMENT 2

Rien dans les manières de table ne « va de soi », rien ne peut être considéré comme le résultat d'un « sentiment de gêne » naturel. Ni la cuillère, ni la fourchette, ni la serviette n'ont été inventées un jour, comme un outil technique, avec une finalité précise et un mode d'emploi détaillé : leur fonction s'est précisée peu à peu à travers les âges par l'influence directe des relations et coutumes sociales, leur forme a été fixée non sans tâtonnements. La moindre coutume de ce rituel flottant est l'aboutissement d'une évolution infiniment lente, et cette remarque s'applique même aux modes de comportement que nous jugeons « élémentaires » ou simplement « raisonnables », comme par exemple l'usage de prendre les liquides uniquement avec la cuillère ; chaque geste, la manière de tenir et de manipuler le couteau, la cuillère et la fourchette sont soumis à des normes élaborées pas à pas. Le mécanisme social de cette normalisation apparaît lui-même dans ses grandes lignes quand on examine ses différents aspects dans leur ensemble : il existe un milieu de cour plus ou moins fermé qui crée des modèles destinés d'abord à subvenir aux besoins de sa propre situation sociale et de la situation psychique qui en découle. La structure et l'évolution de la société française prédisposent et engagent apparemment d'autres couches à adopter les modèles créés par la couche dirigeante : c'est ainsi qu'ils se répandent lentement dans la société toute entière, non sans subir les modifications qui s'imposent.

Norbert Élias, *La Civilisation des mœurs*, 1969.

DOCUMENT 3

Enluminure sur parchemin datant du XVe siècle produite en Bourgogne et exposé au Petit Palais, Paris.

DOCUMENT 4

Léonard de Vinci, *La Cène* (en italien « L'Ultima Cena », soit « le Dernier Repas »), peinture murale à la détrempe de 460 x 880 cm, réalisée de 1495 à 1498 pour le réfectoire du couvent dominicain de Santa Maria delle Grazie à Milan.

DOCUMENT 5

Les bienfaits des repas en famille sont régulièrement promus par les autorités de santé publique pour leurs supposés bienfaits en matière de santé physique, mentale, de bien-être et de sociabilité. Ce n'est ainsi pas seulement le contenu des assiettes qui est visé, mais bien le déroulement des repas eux-mêmes (à quelle fréquence ? avec qui ? comment ?) qui affecterait la santé. Manger ensemble régulièrement en famille améliorerait notamment la composition des repas, mènerait à un meilleur taux de réussite scolaire des enfants et réduirait les risques d'obésité. Les familles elles-mêmes valorisent souvent la commensalité et ses rituels qu'elles jugent bénéfiques au développement des enfants et à la cohésion familiale. Or, si l'on adhère à cette perception positive de la commensalité, il y a lieu de s'inquiéter d'un éventuel délitement de cette pratique provoqué par l'évolution des modes de vie (multiplication des écrans, journées de travail longues et éclatées) et des conséquences qui en découleraient, en particulier pour la santé des plus jeunes. Cependant, encore faudrait-il s'assurer que la relation de causalité entre les repas de famille et une meilleure santé soit réelle, et que ce ne soient pas d'autres facteurs tels que le milieu social qui entrent en jeu. [...] Les sciences sociales ont donc encore fort à faire pour déconstruire les a priori autour de la commensalité, une pratique commune mais peu étudiée. [...] La place accordée à la communication à table est loin d'être une constante. Elle varie beaucoup selon le contexte culturel et social, voire d'une époque à l'autre. Dans son ouvrage sur les manières de table en France du XVIIe au XXe siècle, Claudine Marenco relève que, jusque dans les années 1950, il était attendu que les enfants gardent le silence pendant les repas. Dans une étude portant sur les familles israéliennes des classes moyennes, on a observé que l'espace conversationnel pendant les repas était monopolisé par les adultes. En Suède, ce sont les mères qui tendent à dominer les conversations à table. Des chercheurs en psychologie, en linguistique et en anthropologie se sont beaucoup intéressés aux repas en tant que contexte permettant d'observer la socialisation par le langage. Cependant, ces travaux n'ont pas exploré la manière dont la conversation commensale se déploie, ni dans quelle mesure les repas de familles sont façonnés par les conversations.

« À table en famille », étude menée par Fairley Le Moal pour le groupe APICIL, mai 2023.

DOCUMENT 6

Madame Grégoire, qui avait médité dans son lit la surprise de la brioche, resta pour voir mettre la pâte au four. La cuisine était immense, et on la devinait la pièce importante, à sa propreté extrême, à l'arsenal des casseroles, des ustensiles, des pots qui l'emplissaient. Cela sentait bon la bonne nourriture. Des provisions débordaient des râteliers et des armoires. Et qu'elle soit bien dorée, n'est-ce pas ? recommanda madame Grégoire en passant dans la salle à manger. Malgré le calorifère qui chauffait toute la maison, un feu de houille égayait cette salle. (...) Ils descendirent, s'installèrent dans les fauteuils de la salle à manger ; tandis que les bonnes, riant du gros sommeil de mademoiselle, tenaient sans grogner le chocolat sur le fourneau. (...) Ils s'attablaient enfin, le chocolat fumait dans les bols, on ne parla longtemps que de la brioche. Mélanie et Honorine restaient, donnaient des détails sur la cuisson, les regardaient se bourrer, les lèvres grasses, en disant que c'était un plaisir de faire un gâteau, quand on voyait les maîtres le manger si volontiers. (...) [Madame Maheu] avait rabattu les volets, secoué le feu, remis du charbon. Son espoir était que le vieux n'eût pas englouti toute la soupe. Mais elle trouva le poêlon torché, elle fit cuire une poignée de vermicelle, qu'elle tenait en réserve depuis trois jours. On l'avalerait à l'eau, sans beurre ; il ne devait rien rester de la lichette de la veille ; et elle fut surprise de voir que Catherine, en préparant les briquets, avait fait le miracle d'en laisser gros comme une noix. Seulement, cette fois, le buffet était bien vide : rien, pas une croûte, pas un fond de provision, pas un os à ronger. Qu'allaient-ils devenir, si Maigrat s'entêtait à leur couper le crédit, et si les bourgeois de la Piolaine ne lui donnaient pas cent sous ? Quand les hommes et la fille reviendraient de la fosse, il faudrait pourtant manger ; car on n'avait pas encore inventé de vivre sans manger, malheureusement. – Descendez-vous, à la fin ! cria-t-elle en se fâchant. Je devrais être partie. Lorsqu'Alzire et les enfants furent là, elle partagea le vermicelle dans trois petites assiettes. Elle, disait-elle, n'avait pas faim. Bien que Catherine eût déjà passé de l'eau sur le marc de la veille, elle en remit une seconde fois et avala deux grandes chopes d'un café tellement clair, qu'il ressemblait à de l'eau de rouille. Ça la soutiendrait tout de même.

Émile Zola, *Germinal*, extraits des chapitres 1 et 2, 1885.

DOCUMENT 7

Ces distinctions se ressemblent en ce sens qu'elles entraînent immanquablement une notable progression du chiffre d'affaires, alors que l'influence des autres guides demeure aléatoire. [...] Dans les débuts de ce guide, vers 1900, il s'agissait surtout de recommander à des automobilistes fortunés des maisons qui se distinguaient par leur propreté et leur hygiène. [...] Le Michelin, mon cher Peter, n'a rien d'illusoire. Quant au classement gastronomique, on pourrait dire, en gros, que la simple étoile devrait distinguer un cuisinier qui a fait ses classes, qui est en parfaite possession de sa technique, qui offre des prestations honnêtes et régulières. Mais avec les deux étoiles, une personnalité s'affirme et on entre dans le domaine de l'art, du style, des plats qui marquent et dont on se souvient, comme le sublime boudin purée de Christian Parra, à La Galupe, près de Bayonne, un truc qui vaut le voyage et que Guérard a élégamment inscrit à la carte de sa Ferme aux Grives en amical hommage au créateur. Si je puis me permettre une comparaison littéraire, l'étoilé de base serait à l'abri des fautes d'orthographe et de grammaire. Alors que le double étoilé est déjà un auteur au style caractéristique. Une ligne suffit : on sait qui c'est. Bien sûr, les étoiles valsent chaque année. Et les plus anciennes sont souvent les plus rentables et les plus brillantes. – Quant aux trois étoiles ? – C'est un deux étoiles auquel on a rajouté des gadgets ruineux, Michelin et banques poussant à la roue. Mais dans ce domaine, les conseillers ne sont pas les payeurs. Les frais généraux s'envolent, les agios grimpent, l'amortissement se fait de plus en plus problématique et, paradoxalement, on en vient à ce résultat que plus le prix moyen du couvert est élevé – on le calcule toujours sans les vins –, moins le restaurant est rentable. Il est actuellement de quelque 700 francs chez moi – une valeur courante en France pour les établissements de cette catégorie – et je n'ai pas grand mal à ne dégager pour le fisc aucun bénéfice. Je préférerais quand même faire tellement de bénéfices que je serais contraint d'en déclarer ! Mais comment vendre plus cher ? Le trois étoiles est un miroir aux alouettes. J'aurais mieux fait de m'arrêter à deux. – Qu'importe, par conséquent, de perdre cette troisième étoile ? – Mon cher, gagner la troisième supprime les derniers bénéfices du restaurant. Mais la perdre met en déficit. Tout le monde croit qu'il y a des limaces dans la salade. L'idéal, en fait de restauration, c'est une affaire de famille amortie depuis vingt ans, qui fait un remplissage de 100 % avec des couverts à cent balles pour rassasier les foules de conserves. Ces gens-là sont plus riches que moi.

Hubert Monteilhet, *Étoiles filantes*, 1994.

DOCUMENT 8

Là estanas arrivez ; sur la verde herbelette
On mettra le jambon, le pan de costelette,
Le cervelat, l'endouille et la longe de veau.
Poivrée par-dessus, du vin vieil et nouveau,
Et tout ce qui se peut de viande salée,
Propre, se recouvrer, pour disner l'assemblée.

Claude Gauchet, *Le plaisir des champs* (1583-1604)

DOCUMENT 9

Édouard Manet, *Le Déjeuner sur l'herbe*, huile sur toile, 1863.

Points méthode

Comprendre les exercices de l'épreuve

Comment comprendre l'épreuve de questionnement d'un corpus ?

Le sujet d'examen est en deux parties, la consigne de départ se présentera ainsi :

Durée : 3 heures

À table ! : formes et enjeux du repas.

Première partie : questions /10

Il faut en déduire que cette partie concerne la moitié de la note totale, que les questions portent sur le thème de l'année. Ces questions (entre 2 et 4) s'appuient sur un corpus de 2 à 3 documents et invitent à interpréter et confronter les documents. Pour y répondre, le candidat nuance et argumente, en s'appuyant sur des éléments précis des documents (citations, procédés littéraires, arguments reformulés, etc.). Dans les réponses, il faudra donc comparer les documents et expliquer les idées défendues à travers cette comparaison. Les 3 heures indiquées plus haut concernent la totalité de l'épreuve, cette première partie s'étend donc sur environ 1 h 30, afin de vous laisser du temps pour l'Essai.

Après la consigne, les documents sont présentés d'une façon similaire à celle-ci :

Document 1 : Norbert Élias, *La Civilisation des mœurs*, 1969

Document 2 : Léonard de Vinci, *La Cène*, peinture réalisée de 1495 à 1498

Document 3 : Hubert Monteilhet, *Étoiles filantes*, 1994

La présentation de ces documents n'est ni chronologique, ni alphabétique, ni hiérarchisée par ordre d'importance. Les documents sont variables en genres et types, ils se complètent ou s'opposent autour d'un même thème.

Non présentées dans le sujet distribué le jour de l'examen, les compétences constituent l'essentiel de l'évaluation de cette première partie. S'ils ne visent pas tant à imposer un formatage figé, nos points méthodes n'auront d'autre but que de vous aider à répondre à ces attendus le jour de l'épreuve. Les voici résumés dans un tableau :

Compétences	Attentes
COMPRENDRE LES DOCUMENTS	Réception « Appréhender un message » Compréhension de chaque document Présence des idées importantes
CONFRONTER	Utilisation et confrontation objective des documents Mise en relation des documents en évitant la juxtaposition d'analyse ou de résumés Appui sur les documents
STRUCTURER	Organisation de la réponse Référencement de chaque idée Reformulation des idées Tissage de liens entre les documents
REDIGER	Production Expression claire, reformulation attestant des qualités de concision requises Respect des codes de l'écrit (orthographe, conjugaison, syntaxe, ponctuation, mise en page, graphie) Tout est rédigé

Ainsi, il ne faut pas donner son avis ou résumer les documents, mais reformuler les idées importantes et organiser sa production. On évitera aussi d'énumérer des citations susceptibles de remplacer le travail d'analyse, même si l'on pourra proposer ponctuellement de courtes citations reliées aux autres façons d'expliciter les idées. Montrer en quoi les documents se complètent ou s'opposent, dans une langue claire et correcte constitue, en définitive, l'essentiel de cette première partie.

Comment comprendre l'épreuve de rédaction d'un essai ?

Le sujet d'examen se poursuit avec la consigne pour l'essai, qui se présente ainsi :

Deuxième partie : Essai /10

Vous traiterez, au choix, l'un des deux sujets d'essai :

Sujet 1 : Selon vous, allons-nous dans un restaurant gastronomique pour nous nourrir ?

Sujet 2 : Selon vous, est-ce juste de dire que lorsque nous mangeons « chaque geste, la manière de tenir et de manipuler le couteau, la cuillère et la fourchette sont soumis à des normes », comme le disait Norbert Élias ?

Vous traiterez le sujet de façon personnelle et argumentée en vous appuyant notamment sur vos lectures, sur le travail de l'année, sur le corpus et sur votre culture personnelle.

Il faut en déduire que cette partie notée sur 10 points a autant d'importance que la première, qu'il faut y consacrer autant de temps. À l'inverse des premières questions, il convient ici de donner votre avis, comme l'indique le « selon vous ». Il ne faut pas nécessairement écrire l'ensemble du texte à la première personne, mais s'engager en défendant son point de vue. Cependant, le correcteur ne vous évalue pas sur ce point de vue, mais bien davantage sur la façon de l'exposer. Ainsi, vous pouvez avoir un avis mitigé ou bien prendre résolument parti pour une opinion, à condition de bien installer le débat à l'œuvre (problématisation). On veillera enfin à soigner sa présentation et surtout à dépasser les assertions hâtives et les exemples enfantins, pour faire valoir une culture générale, c'est-à-dire des connaissances, références, exemples au service de votre pensée.

Non présentées dans le sujet distribué le jour de l'examen, les critères de réussite constituent l'essentiel de l'évaluation de cette deuxième partie. S'ils ne visent pas tant à imposer un formatage figé, nos points méthodes n'auront d'autre but que de vous aider à répondre de la façon la plus satisfaisante le jour de l'épreuve. Les voici résumés dans un tableau :

Dans la copie on :

Évite de	S'efforce de	Est valorisé si
• Paraphraser les idées du corpus • Ne jamais prendre position • Ne jamais reprendre d'idée du corpus	• Présenter le sujet • Exprimer un point de vue argumenté • Proposer dans son argumentation des références au corpus ou personnelles • Prendre position de façon personnelle et clairement exprimée, en exploitant ponctuellement la première personne du singulier	• On organise ses arguments • On varie les types d'exemples et de références, pour manifester une culture généraliste • Notre argumentation est claire et détaillée • On montre une aptitude à la nuance, à la progression de la pensée • Notre expression est de qualité

Étude 2

Le banquet intérieur : enjeux anthropologiques

« Dis-moi ce que tu manges, je te dirais qui tu es », assène Brillat-Savarin. Après l'étude des formes des tables, plongeons dans les assiettes pour cette seconde étude. Analysons ce qu'elles révèlent de celles et ceux qui tiennent la fourchette. Le lien entre les choix alimentaires et la construction d'une identité constitue en effet un enjeu important, où se croisent des facteurs physiologiques et idéologiques. « Je suis ce que je mange » tirait Alexandre Lacroix dans un article pour *Philosophie Magazine* en juillet 2012 (▶ **Doc. 1**), mettant en lumière l'interaction entre les choix alimentaires et les affirmations identitaires. Outre les religions et les coutumes régionales, cette interaction traverse très largement la littérature, sensible à la fois aux discours normatifs sur la nutrition et à la part d'imaginaire dans la construction des personnages pour dire le monde. Que disent les choix alimentaires des croyances et des constructions identitaires ? Quelle est la place que l'œuvre littéraire accorde à l'alimentation dans la légitimation de déterminismes sociaux ? Comme pour l'analyse des formes du repas, cette étude pourrait être l'occasion de généralisations anthropologiques qui gagneraient à être complétées, nuancées, parfois réfutées. Gageons cependant qu'elles s'avèrent parlantes pour appréhender et questionner la signification des options alimentaires.

1 Du repas humain aux festins des cultures

- Les cultures procèdent de certains choix collectifs, que l'on peut opposer aux déterminismes naturels : les animaux se repaissent, l'homme prend un repas. Les animaux se limitent par instinct comme le montre Rousseau dans un texte célèbre[32], instinct dont l'évolution lente se conçoit sur le

32. Dans la première partie de son *Discours sur l'origine et les fondements de l'Inégalité parmi les Hommes*, le philosophe du XVIIIe siècle distingue la liberté d'un l'homme omnivore dans ses choix de repas, de l'instinct naturel qui dicte aux animaux leurs façons de se nourrir.

mode de l'adaptation au milieu. La première des identités humaines, celle du nourrisson, nous rapproche pourtant des animaux. Le mot « nourrisson » contient la limitation d'un être définit par la nutrition, et qui n'a pas encore les yeux plus gros que le ventre, qui ne se livre pas encore aux excès de la gourmandise ou de la gloutonnerie. À l'inverse de cet appétit qui dépasse les besoins, l'animalité de l'homme s'exprime aussi dans la survie. Comme les animaux et les plantes, on s'alimente d'abord pour satisfaire ses besoins physiologiques, que Maslow posait comme fondamental dans sa célèbre théorie de la hiérarchisation des besoins humains. Mais si l'absence de gloutonnerie et le besoin de survivre par l'alimentation demeurent fondamentaux, l'alimentation proprement humaine ne s'y réduit pas. Alors que le nourrisson est généralement alimenté par du lait, la diversification alimentaire peut être comprise comme le levier qui fait sortir de l'état de nourrisson vers celui de la petite enfance. Or, même si cela prend des formes variables selon les époques et les régions du monde, celle-ci procède toujours de choix culturels progressifs que les repas formalisent. Ils sont à la fois le moyen d'une éducation particulière et d'une affirmation de l'enfant. Le refus de l'assiette d'épinards ou de la salade de tomate traduit davantage que les seuls déterminismes humains. Omnivore, l'homme va pourtant s'alimenter en décidant, parfois de façon audacieuse comme le montre le détail de la mosaïque du **document 1** : les animaux « ne restent pas en arrêt devant les choses sensibles comme devant autant de choses qui seraient en soi, mais [...] se servent sans autres manières et les dévorent », indique le philosophe allemand Hegel dans « la certitude sensible », premier chapitre de sa *Phénoménologie de l'esprit*. L'homme sait refreiner son besoin d'aliment pour alimenter son désir. L'homme sait aussi tout tester, parfois à ses risques et périls et se plait à combiner, complexifier son alimentation. C'est en tout cas ce que montre le sol « non balayé », présentant des aliments variés (grappe de raisin, cerises, pinces de homards, coquilles de mollusques, restes d'oiseaux, etc.). À l'inverse, face au besoin de manger, on ne fait pas la différence entre tel ou tel plat, pour satisfaire la faim, remplir l'estomac vide. C'est le cas de Charlie Chaplin dans *La Ruée vers l'or* (1925), film qui raconte l'histoire d'un chercheur d'or coincé sans vivres dans une cabane. Affamé, il est prêt à manger n'importe quoi : la chaussure devient poulet rôti, les lacets se transforment en spaghetti et la survie humaine substitue parfois le désir au besoin. Le désir n'est pas totalement déconnecté du besoin réel, mais il s'éveille avec une part de rêve, une part d'image. C'est pourquoi on le dira différencié. En fonction de notre enfance, des souvenirs ou des sensations associées, on peut préférer un plat plutôt qu'un autre.

▸ Il nous arrive pourtant de dire qu'on souffre d'une « faim de loup » ou qu'on « mange comme un cochon », mais ces métaphores ne font que creuser la distance entre l'homme, capable d'adopter une étonnante diversité de régimes et l'animal que l'on particularise dans l'expression.

- La relation entre alimentation et identité s'impose très rapidement dans les premières décennies de la vie. Comme dans toutes les institutions culturelles, différentes règles et coutumes orientent les choix éducatifs d'une culture donnée, sous forme de prescriptions alimentaires, aliments que l'on devrait manger et qui sont considérés comme culturellement appropriés, ou de proscriptions alimentaires, aliments interdits et considérés comme inappropriés. Consommer du riz à grains courts est ainsi un symbole de l'identité japonaise. Pour de nombreux Japonais, le riz à grains courts est une prescription alimentaire, qu'ils estiment devoir manger. Les cultures se décrivent ainsi au moyen de prescriptions alimentaires particulières. Les exemples sont nombreux : de la dinde pour *Thanksgiving* aux États-Unis, du *corned beef* pour la Saint-Patrick en Irlande, des pains spéciaux et des figurines de bonbons pour le *Día de los Muertos* au Mexique, du pain au safran et des biscuits au gingembre le jour de la Sainte-Lucie en Suède, ou du curry de mouton et du riz pour l'*Aïd al-Fitr* dans les pays musulmans.

À l'inverse, les proscriptions religieuses d'une culture donnée s'imposent tout aussi rapidement : la viande le vendredi chez les catholiques, le porc en islam[33] et dans le judaïsme[34] sont des exemples célèbres.

- Ce prisme alimentaire d'une culture est évident, bien qu'il soit généralement connu davantage dans ses effets que dans l'ensemble des causalités de l'histoire d'un peuple ou d'une religion. La plupart des épiceries ont ainsi des allées contenant des produits étiquetés comme « aliments internationaux », « aliments ethniques » ou plus communément « produits du monde », et les grandes zones urbaines comprennent souvent des quartiers abritant un conglomérat de restaurants servant des cuisines diverses. À Washington, le quartier d'Adams Morgan est un exemple célèbre pour ses restaurants ethniques. En marchant dans la rue, on peut sentir l'odeur alléchante de l'*injera*, un pain plat fermenté d'Éthiopie, ou du *bún bò huê*, soupe de bœuf épicée à la citronnelle du Vietnam. Jusqu'en août 2022, le Mintwood Place proposait une cuisine typiquement française au cœur du quartier.

En grandissant, l'être humain est donc invité à partager une alimentation issue de la nature mais codifiée culturellement. Son identité sera reliée à tel ou tel plat. La culture d'une famille parfois soucieuse d'une ouverture à d'autres régions du monde et l'émancipation par l'attachement individuel

33. La religion musulmane distingue le *halâl* du *harâm*, c'est-à-dire le licite de l'illicite. Si cette distinction ne se rapporte pas exclusivement à l'alimentation, elle liste un certain nombre d'alimentations interdites.

34. Les prescriptions alimentaires juives rassemblent un grand nombre de critères et de loi, définies par les règles de la cacherout.

à d'autres modes d'alimentation ne faisant que renforcer le lien indélébile entre repas et culture humaine.

2 Alimentation, corps, genre et niveau de vie

- « Mesdames, ne rêvez pas, les hommes préféreront toujours les minces ! » titrait il y a bientôt 20 ans une publicité brésilienne pour un yaourt allégé, détournant des icônes hypersexualisées du cinéma, remplacées par des femmes obèses. Bien sûr, son message est parfaitement grinçant et les associations de lutte contre la grossophobie et le sexisme s'étaient érigées pour la condamner. Il a au moins le mérite de permettre d'expliciter le rapport de domination, discret mais omniprésent, que la société dicte aux femmes, sommées de faire attention à ce qu'elles mangent. Si l'Histoire nous apprend que cette injonction à la minceur n'a pas toujours été imposée en occident[35], le contrôle du corps des femmes ne date pas d'hier et l'alimentation en demeure le marqueur privilégié. Celle-ci intervient comme l'instrument de ce contrôle d'un repas qui n'est pas le lieu du plaisir, mais le théâtre du rappel à l'ordre. Dès lors, la façon dont la femme réagit à ses injonctions, quand elle les refuse ou s'y soumet, traduit une personnalité.

- Les enquêtes de consommation menées en France sont sans appel : hommes et femmes ne privilégient pas des mêmes aliments et ne consomment pas les mêmes quantités[36]. Les femmes achètent plus de fruits et légumes, moins de viande et d'alcool, les hommes qui consomment davantage de pain et de fromage préfèrent les produits qui demandent peu de préparation. Les femmes consomment prioritairement de la volaille, du jambon et du poisson, tandis que les hommes préfèrent les pièces de viande brutes, la côte de bœuf et le gibier. Ces préférences sont en définitive assez peu expliquées par la biologie. Bien sûr hommes et femmes ont des besoins nutritionnels spécifiques, notamment en termes d'apports caloriques, surtout lorsqu'ils pratiquent des professions qui nécessitent des besoins particuliers, mais ceux-ci ne justifient ni la viande rouge et l'alcool pour les hommes, ni les fruits et légumes pour les femmes[37]. En réalité, tout porte à croire que ces représentations sont socialement construites et s'appuient sur des images d'aliments « masculins » et « féminins », qui participent au processus d'identification.

---

35. Pensons pour s'en convaincre aux corps potelés et parfois érotisés des œuvres de François Boucher, d'Edgar Degas ou d'Auguste Renoir.
36. Mentionnons l'étude INCA3 publiée en 2017 par l'Anes, Agence nationale de sécurité sanitaire de l'alimentation portant sur un panel représentatif de plus de 5800 individus.
37. Ces différences sont aussi analysées par S. Carof en 2015 dans « Le régime amaigrissant : une pratique inégalitaire ? », *Journal des anthropologues*, pp. 213-233.

- Des études sociologiques ont par ailleurs montré que la mise en couple hétérosexuel tendait à atténuer les différences alimentaires, par une convergence des pratiques, que la routine vient généralement distinguer à nouveau. La socialisation alimentaire genrée se renforce au cours de l'adolescence, de sorte que les hommes sont moins réceptifs que les femmes aux messages du Programme nutrition santé, tel que « mangez au moins cinq fruits et légumes par jour ». Une forme de dédain peut même être revendiquée par les hommes. Cela étant, le niveau de vie et les professions s'ajoutent au genre pour signifier la relation à l'alimentation. On observe une démocratisation au fil des années des pratiques à risque, avec des profils de consommation qui se rapprochent. Les femmes en bas de l'échelle sociale tendent à rejoindre les habitudes des hommes, tandis que les hommes principalement situés en haut de l'échelle sociale sont plus engagés dans des pratiques de surveillance, pratiquant l'alimentation réflexive[38]. Pierre Bourdieu montrait[39] il y a plusieurs décennies comment les classes ouvrières des années 1960 identifiaient la viande et les produits gras comme levier de mobilité sociale et moyen de la virilité. Le genre et le niveau de vie sont des marqueurs relativement stables pour aborder le lien entre identité et alimentation. Dans *L'Assommoir*, Zola peint par exemple la déchéance fatale d'une famille ouvrière à travers l'évolution du destin de Gervaise. À la fin du roman (▶ **Doc. 3**), à demi mourante, celle-ci décide de se prostituer pour avoir de quoi calmer sa faim. Finalement, Goujet, qui l'aime, la recueille et lui donne à manger. À travers la déchéance de Gervaise due à l'alcoolisme, Zola cherche à montrer que le monde ouvrier est en proie à la même déchéance.

3 Quand l'aliment nourrit le portrait

- Si l'on fait abstraction du genre et du niveau de vie, l'alimentation nous définit sur le plan de nos aspirations profondes. On mange en fonction de ce que l'on veut devenir, quand on ne suit pas les habitudes préconisées par les influenceurs. C'est ainsi que la langue de Rabelais invente le mot « gastrolâtres » pour désigner une personne avec un appétit gargantuesque ou pantagruélique. Le **document 2** montre que si « le métabolisme donne la clé de notre identité », ce n'est pas seulement en raison de la perméabilité psychique aux injonctions ou aux attaches culturelles. Vivre dans un pays peut nous en faire accepter les codes, mais tout ceci semble être balayé dans nos sociétés multiculturelles. En

38. L'alimentation réflexive s'oppose à l'alimentation intuitive, selon laquelle l'individu se nourrit en fonction de son plaisir. Il s'agit de prendre en compte les données scientifiques (coût carbone, qualité nutritionnelle, traçabilité) avant de décider de ce qu'on va manger.
39. Pierre Bourdieu, *La distinction. Critique sociale du jugement*, 1975.

revanche, l'alimentation traduit nos aspirations, c'est-à-dire ce qui nous motive. À ceci il faut ajouter que nous nous nourrissons en fonction de ce que nous sommes, c'est-à-dire de notre tempérament. La littérature classique s'est ainsi attachée à établir des relations entre la manière de manger et la psychologie. Les repas participent et parfois constituent des portraits. La nourriture et la faim sont par exemple deux thèmes essentiels dans le théâtre rostadien. Manger et jeûner représentent en effet, pour les personnages, des activités aussi importantes qu'aimer, écrire, parler ou se battre. Dans *Cyrano de Bergerac*, le héros n'a pas assez d'argent pour manger et doit jeûner. Mais sa condition sociale ne limite pas le portrait. Dans l'extrait **document 4**, il inspire de la pitié à la distributrice du théâtre, mais, par orgueil, n'accepte que peu de choses pour faire son dîner. En plus de son tempérament orgueilleux, comme Cyrano aime Roxane sans espoir de retour, la privation de nourriture est, chez lui, une métaphore de la frustration amoureuse et signifie le tempérament névrosé du personnage.

- Dans *Les Caractères*, La Bruyère fait le portrait célèbre d'un glouton répugnant : Gnathon (▶ **Doc. 5**). Celui-ci apparaît bestial, mais avec un statut bien inférieur à celui de la bête, dans la mesure où il ne sait pas s'arrêter là où l'animal est repu. Notons que le nom Gnathon signifie « mâchoire ». De la gourmandise qui fut longtemps considérée comme un péché par les sociétés chrétiennes, La Bruyère retient l'accusation d'intempérance de ceux qui, en mangeant, s'avilissent et manifestent leur égoïsme. Ce texte est une satire d'un certain type mondain de la haute société (aristocratie ou haute bourgeoisie). Pour le moraliste, il s'agit aussi de soulever les problèmes de la misère, de l'inégalité et de l'injustice sociale. De l'autre côté du spectre psychologique, Flaubert s'attache à décrire la relation entre dépression et absence d'alimentation. Dans *Madame Bovary*, les repas cristallisent l'alternance entre les moments d'extase et les moments de dépression d'Emma, à travers les repas festifs et les repas ordinaires. Celle-ci étouffe lors dîners en tête-à-tête avec Charles, son mari. Cela se traduit par le manque d'appétit, devenant peu à peu l'anorexie (▶ **Doc. 6**). Son dégoût de la nourriture, comme cela est habituel chez l'anorexique, est encore plus grand lorsqu'en face d'elle Charles mange de bon appétit. Il atteint son point culminant dans l'épisode des abricots, lors de la rupture avec Rodolphe. En refusant de se nourrir, Emma refuse le monde qui l'exaspère et rejette la communauté de son mari.

- Alors que le gourmand et le glouton mangent avec excès, tandis que le dépressif peut refuser de se nourrir[40], et l'assiette refléter égoïsme ou

---

40. Cet aspect est évidemment discutable sur le plan médical, et ne fait que traduire la description de la perte d'appétit de Madame Bovary. Bien des dépressifs ont au contraire des épisodes d'hyperphagie.

orgueil, d'autres portraits moins péjoratifs alimentent la littérature. Proust nous propose la description d'un gourmet, qui apprécie le raffinement en matière de boire et de manger, et fait primer la qualité sur la quantité. Dans *Du côté de chez Swann*, Françoise, servante et cuisinière de Tante Léonie, joue un rôle très particulier, car elle éduque les papilles gustatives du jeune Swann. Dans l'extrait du **document 7**, le repas est conçu comme une partition de musique, et la prise d'aliment comme la mélodie savante d'un soliste. Élevée au rang de « Michel-Ange de la cuisine », Françoise est l'élément intermédiaire entre le monde de l'enfant et celui des adultes, entre le monde clos dans lequel se déroule la vie de Tante Léonie et le monde extérieur. La vie de gourmet est alors comprise, dans sa relation à la connaissance musicale, comme une initiation culturelle, le repas se fait leçon de choses pour sortir de soi et aller vers le monde.

4 Limites et danger de l'identité alimentaire

- Si les aliments comme les tables traduisent des réalités culturelles, le risque est grand de réduire et de stéréotyper les individus en les voyant manger. Il n'y a pas une alimentation « de femme » comme il n'y a pas une alimentation spécifique à tel ou tel groupe sanguin[41]. De même que des dépressifs pourront avoir des relations bien différentes à la nourriture. Par ailleurs, le fait de consommer ou non du porc ne permet pas de déduire la religion d'un individu. Ce risque de simplifier à l'extrême les individus et de les enfermer dans des cases stéréotypées ne tient pas compte de la complexité des choix alimentaires, qui sont influencés par de multiples facteurs socio-culturels, économiques, environnementaux et personnels. De plus, l'identification par l'alimentation peut renforcer les inégalités sociales existantes. En effet, les personnes issues de milieux défavorisés ont souvent moins d'accès à une alimentation saine et variée, ce qui peut les exposer davantage à certains stéréotypes négatifs. Sujet à caution, le portrait par l'alimentation convoqué par l'aphorisme de Brillat-Savarin « dis-moi ce que tu manges, je te dirai qui tu es » doit mener à beaucoup de prudence. Il ne s'agit pas de nier la pertinence de certains marqueurs, mais d'inviter à compléter ou à nuancer la démarche.

41. Ce régime à la mode provient du naturopathe américain Peter D'Adamo, publiant en 1996 *Eat Right for Your Type*, un best-seller écoulé à 5 millions d'exemplaires selon lequel les aliments réagissent différemment dans l'organisme selon son groupe sanguin. Il n'existe cependant aucune preuve scientifique qui justifie d'éliminer une catégorie d'aliment selon le groupe sanguin. En 2014, plusieurs études dont une menée à l'université de Toronto ont montré qu'adapter son alimentation selon son groupe sanguin n'étaient pas fondé.

Dès le XVIe siècle, dans un chapitre célèbre de ses *Essais*, Montaigne invitait l'occident au relativisme culturel face à la découverte de peuples cannibales. L'alimentation humaine semble en effet propice à favoriser le jugement et les conclusions hâtives. À l'inverse des déductions à l'emporte-pièce fondées sur l'alimentation, il demeure intéressant d'étudier factuellement les textes et les discours qui orientent les prescriptions des cultures, de s'attacher à écouter les motifs qui orientent les choix humains autour de la table, et de mieux comprendre les facteurs à l'origine des déterminismes culturels que nous pensons observer. C'est par exemple l'analyse que l'on peut mener avec l'infographie du **document 8** de l'alimentation française pour laquelle l'importance du beurre fait écho aux chiffres de sa production. Il y a une relation de double réciprocité évidente entre la consommation de beurre par les Français et la production de ce produit laitier.

DOCUMENT 1

Détail de la mosaïque dite du « Sol non balayé », IIe siècle av. J.-C., présentée au Musée Gregorian Profano du Vatican.

DOCUMENT 2

Dans ses *Méditations*, René Descartes proclamait : « Je suis une chose qui pense. » Mais une révolution philosophique a balayé, au XIXe siècle, cette présomptueuse affirmation. « Je suis une chose qui mange », rétorqueraient volontiers les esprits modernes. C'est ainsi que le très épicurien Brillat-Savarin déclare, dans son célèbre traité de gastronomie, *La Physiologie du goût* (1825) : « Dis-moi ce que tu manges, je te dirai qui tu es. » Chez le matérialiste Ludwig Feuerbach, rebelote : « L'homme est ce qu'il mange », assène ce féroce adversaire des religions dans ses *Manifestes philosophiques* (1839-1845). Quant à Friedrich Nietzsche, il enfonce joyeusement le clou quelque temps plus tard : « Il est une question dont le "salut de l'humanité" dépend beaucoup plus que de n'importe quelle subtilité de théologien : c'est la question du régime alimentaire » (*Ecce Homo*, 1888).

[...] C'est donc désormais le métabolisme qui donne la clé de notre identité. Un tel renversement métaphysique donne une importance toute nouvelle à l'alimentation. Si je ne suis rien d'autre qu'un amas de matière, alors je dois être attentif aux objets que je fais entrer en moi, à la manière dont je régénère mes tissus, dont je fais varier le cours de mes pensées par l'absorption d'alcool, dont je m'excite par le café, et dont je renouvelle mes forces par les sucres et les viandes.

La religion recommandait de prendre soin de sa vie spirituelle, de faire chaque jour son examen de conscience pour veiller à ce que nos pensées ne soient pas mêlées d'impuretés. À l'époque moderne, ce souci se reporte sur la nourriture. Apprendre à manger, c'est modeler son être en profondeur, c'est cultiver son intériorité. [...]

Mais cet intérêt pour la diététique, qui remonte au XIXe siècle et triomphe encore à l'heure actuelle, surtout en période de régimes pré-balnéaires, ne va pas sans écueils. De même que les bigots poussaient trop loin leur examen de conscience et s'accablaient à confesse de péchés imaginaires, de même ceux qui se conforment au diktat de la mode, à l'injonction de rester mince, risquent fort de détruire en eux toute disponibilité pour les plaisirs de bouche. [...] Dans *La Société de consommation*, Jean Baudrillard rappelle que les sociétés traditionnelles ont toutes strictement encadré et ritualisé le jeûne. Dans la civilisation catholique, les phases d'ascèse sont précises – jeûne avant la communion, durant l'avent, et carême après le mardi gras. Or, en perdant ces rites, nous n'avons peut-être pas progressé : nous avons en effet libéré la pulsion ascétique, qui s'exprime désormais avec une sorte de fureur désordonnée. « Beaucoup plus que dans l'hygiène, explique Baudrillard, c'est dans l'ascèse des "régimes" alimentaires que se lit la pulsion agressive envers le corps, pulsion "libérée" en même temps que le corps lui-même. » Il y a longtemps déjà, dans le livre IX de la *République*, Platon mettait en garde contre deux dangers de la diététique. Il invite d'abord à se méfier de l'excès « athlétique », c'est-à-dire à la préoccupation exagérée pour la forme : à force de vouloir entraîner son corps, le sculpter et en maîtriser la silhouette, on risque d'engourdir son intelligence, de se transformer en brute ou en simple machine. La diététique, rappelle Platon, est une pratique de base, qui vise à assurer la santé physique – elle ne doit en aucun cas devenir le souci cardinal d'une existence. Mais il y a aussi l'excès « valétudinaire » et Platon vise cette fois-ci ceux qui font trop de chichis, cultivent de trop nombreuses phobies et des interdits alimentaires, au point de vivre comme de perpétuels malades.

Ces deux tendances se retrouvent largement dans la société contemporaine : d'un côté les adolescentes qui veulent ressembler à des top-modèles, les cadres qui se prennent pour des sportifs de haut niveau et les culturistes amateurs qui se gavent de protéines pour rivaliser avec Monsieur Univers ; de l'autre, la multiplication des allergies et des idéologies alimentaires – du bio au végétalien, des oligo-éléments aux alicaments – qui rend la conception d'un menu aussi savante et dramatique que celle d'une posologie médicale.

Alexandre Lacroix, « je suis ce que je mange »,
***Philosophie Magazine*, 30 juillet 2012.**

DOCUMENT 3

Tout en courant, en bougonnant contre le sacré sort, elle se trouva devant la porte du patron, où Coupeau prétendait travailler. Ses jambes l'avaient conduite là, son estomac reprenait sa chanson, la complainte de la faim en quatre-vingt-dix couplets, une complainte qu'elle savait par cœur. (...) Le poêle, couvert de poussière de coke, brûlait encore, et un restant de ragoût, que le forgeron avait laissé au chaud, en croyant rentrer, fumait devant le cendrier. Gervaise, dégourdie par la grosse chaleur, se serait mise à quatre pattes pour manger dans le poêlon. C'était plus fort qu'elle, son estomac se déchirait, et elle se baissa, avec un soupir. Mais Goujet avait compris. Il posa le ragoût sur la table, coupa du pain, lui versa à boire. – Merci ! merci ! disait-elle. Oh ! que vous êtes bon ! Merci ! Elle bégayait, elle ne pouvait plus prononcer les mots. Lorsqu'elle empoigna la fourchette, elle tremblait tellement qu'elle la laissa retomber. La faim qui l'étranglait lui donnait un branle sénile de la tête. Elle dut prendre avec les doigts. À la première pomme de terre qu'elle se fourra dans la bouche, elle éclata en sanglots. De grosses larmes roulaient le long de ses joues, tombaient sur son pain. Elle mangeait toujours, elle dévorait goulûment son pain trempé de ses larmes, soufflant très fort, le menton convulsé. Goujet la força à boire, pour qu'elle n'étouffât pas ; et son verre eut un petit claquement contre ses dents. – Voulez-vous encore du pain ? demandait-il à demi-voix. Elle pleurait, elle disait non, elle disait oui, elle ne savait pas. Ah ! Seigneur ! que cela est bon et triste de manger, quand on crève ! (...) Elle rentra dans sa chambre, stupide, et se jeta sur sa paille, en regrettant d'avoir mangé. Ah ! non, par exemple, la misère ne tuait pas assez vite.

Zola, L'Assommoir Dans *L'Assommoir*, 1876.

DOCUMENT 4

LE PORTIER, *à Cyrano.* : Vous ne dînez donc pas ?

CYRANO : Moi ?... Non. *Le portier se retire.*

LE BRET, *à Cyrano.* : Parce que ?

CYRANO, *fièrement.* Parce... *Changeant de ton, en voyant que le portier est loin.* Que je n'ai pas d'argent !...

LE BRET, *faisant le geste de lancer un sac.* : Comment ! le sac d'écus ?...
CYRANO : Pension paternelle, en un jour, tu vécus !

LE BRET : Pour vivre tout un mois, alors ?...

CYRANO : Rien ne me reste.

LE BRET : Jeter ce sac, quelle sottise !

CYRANO : Mais quel geste !...

LA DISTRIBUTRICE, *toussant derrière son petit comptoir.* : Hum !... *Cyrano et Bret se retournent. Elle s'avance intimidée.* Monsieur... Vous savoir jeûner... le cœur me fend... *Montrant le buffet* J'ai là tout ce qu'il faut... *Avec élan.* Prenez !

CYRANO, *se découvrant.* Ma chère enfant, encor que mon orgueil de Gascon m'interdise d'accepter de vos doigts la moindre friandise, j'ai trop peur qu'un refus ne vous soit un chagrin, Et j'accepterai donc *Il va au buffet et choisit.* Oh ! peu de chose ! – un grain de ce raisin... *Elle veut lui donner la grappe, il cueille un grain.* Un seul !... ce verre d'eau... *Elle veut y verser du vin, il l'arrête.* limpide ! – Et la moitié d'un macaron ! *Il rend l'autre moitié.*

LE BRET Mais c'est stupide ! (...)

CYRANO, à Le Bret. Je t'écoute causer. *Il s'installe devant le buffet et rangeant devant lui le macaron.* Dîner !... ... le verre d'eau. Boisson !... ... le grain de raisin. Dessert !... *Il s'assied.* Là, je me mets à table ! – Ah !... j'avais une faim, mon cher, épouvantable !

Rostand, *Cyrano de Bergerac,* Acte 1, Scène IV

DOCUMENT 5

Gnathon ne vit que pour soi, et tous les hommes ensemble sont à son égard comme s'ils n'étaient point. Non content de remplir à une table la première place, il occupe lui seul celle de deux autres ; il oublie que le repas est pour lui et pour toute la compagnie ; il se rend maître du plat, et fait son propre de chaque service : il ne s'attache à aucun des mets, qu'il n'ait achevé d'essayer de tous ; il voudrait pouvoir les savourer tous tout à la fois. Il ne se sert à table que de ses mains ; il manie les viandes, les remanie, démembre, déchire, et en use de manière qu'il faut que les conviés, s'ils veulent manger, mangent ses restes. Il ne leur épargne aucune de ces malpropretés dégoûtantes, capables d'ôter l'appétit aux plus affamés ; le jus et les sauces lui dégouttent du menton et de la barbe ; s'il enlève un ragoût de dessus un plat, il le répand en chemin dans un autre plat et sur la nappe ; on le suit à la trace. Il mange haut et avec grand bruit ; il roule les yeux en mangeant ; la table est pour lui un râtelier ; il écure ses dents, et il continue à manger. Il se fait, quelque part où il se trouve, une manière d'établissement, et ne souffre pas d'être plus pressé au sermon ou au théâtre que dans sa chambre. Il n'y a dans un carrosse que les places du fond qui lui conviennent ; dans toute autre, si on veut l'en croire, il pâlit et tombe en faiblesse. S'il fait un voyage avec plusieurs, il les prévient dans les hôtelleries, et il sait toujours se conserver dans la meilleure chambre le meilleur lit. Il tourne tout à son usage ; ses valets, ceux d'autrui, courent dans le même temps pour son service. Tout ce qu'il trouve sous sa main lui est propre, hardes, équipages. Il embarrasse tout le monde, ne se contraint pour personne, ne plaint personne, ne connaît de maux que les siens, que sa réplétion et sa bile, ne pleure point la mort des autres, n'appréhende que la sienne, qu'il rachèterait volontiers de l'extinction du genre humain.

La Bruyère, *Les caractères*, 1687.

DOCUMENT 6

Mais c'était surtout aux heures des repas qu'elle n'en pouvait plus, dans cette petite salle au rez-de-chaussée, avec le poêle qui fumait, la porte qui criait, les murs qui suintaient, les pavés humides ; toute l'amertume de l'existence lui semblait servie sur son assiette, et, à la fumée du bouilli, il montait du fond de son âme comme d'autres bouffées d'affadissement. Charles était long à manger ; elle grignotait quelques noisettes, ou bien, appuyée du coude, s'amusait, avec la pointe de son couteau, à faire des raies sur la toile cirée. – Monsieur vous attend, Madame ; la soupe est servie. Et il fallut descendre ! il fallut se mettre à table ! Elle essaya de manger. Les morceaux l'étouffaient. Alors elle déplia sa serviette comme pour en examiner les reprises et voulut réellement s'appliquer à ce travail, compter les fils de la toile. Tout à coup, le souvenir de la lettre lui revint. L'avait-elle donc perdue ? Où la retrouver ? Mais elle éprouvait une telle lassitude dans l'esprit, que jamais elle ne put inventer un prétexte à sortir de table. (...) Il se tut, par convenance, à cause de la domestique qui entrait. Celle-ci replaça dans la corbeille les abricots répandus sur l'étagère ; Charles, sans remarquer la rougeur de sa femme, se les fit apporter, en prit un et mordit à même. – Oh ! parfait ! disait-il. Tiens, goûte. Et il tendit la corbeille, qu'elle repoussa doucement. – Sens donc : quelle odeur ! fit-il en la lui passant sous le nez à plusieurs reprises. – J'étouffe ! s'écria-t-elle en se levant d'un bond. Mais, par un effort de volonté, ce spasme disparut ; puis : – Ce n'est rien ! dit-elle, ce n'est rien ! c'est nerveux ! Assieds-toi, mange ! Car elle redoutait qu'on ne fût à la questionner, à la soigner, qu'on ne la quittât plus. Charles, pour lui obéir, s'était rassis, et il crachait dans sa main les noyaux des abricots, qu'il déposait ensuite dans son assiette.

Flaubert, *Madame Bovary*, 1857.

DOCUMENT 7

Mais (surtout à partir du moment où les beaux jours s'installaient à Combray) il y avait bien longtemps que l'heure altière de midi, descendue de la tour de Saint-Hilaire qu'elle armoriait des douze fleurons momentanés de sa couronne sonore avait retenti autour de notre table, auprès du pain bénit venu lui aussi familièrement en sortant de l'église, quand nous étions encore assis devant les assiettes des Mille et une Nuits, appesantis par la chaleur et surtout par le repas. Car, au fond permanent d'œufs, de côtelettes, de pommes de terre, de confitures, de biscuits, qu'elle ne nous annonçait même plus, Françoise ajoutait – selon les travaux des champs et des vergers, le fruit de la marée, les hasards du commerce, les politesses des voisins et son propre génie, et si bien que notre menu, comme ces quatre-feuilles qu'on sculptait au XIIIe siècle au portail des cathédrales, reflétait un peu le rythme des saisons et les épisodes de la vie – : une barbue parce que la marchande au marché de Roussainville-le-Pin, des cardons à la moelle parce qu'elle ne nous en avait pas encore fait de cette manière-là, un gigot rôti parce que le grand air creuse et qu'il avait bien le temps de descendre d'ici sept heures, des épinards pour changer, des abricots parce que c'était encore une rareté, des groseilles parce que dans quinze jours il n'y en aurait plus, des framboises que M. Swann avait apportées exprès, des cerises, les premières qui vinssent du cerisier du jardin après deux ans qu'il n'en donnait plus, du fromage à la crème que j'aimais bien autrefois, un gâteau aux amandes parce qu'elle l'avait commandé la veille, une brioche parce que c'était notre tour de l'offrir. Quand tout cela était fini, composée expressément pour nous, mais dédiée plus spécialement à mon père qui était amateur, une crème au chocolat, inspiration, attention personnelle de Françoise, nous était offerte fugitive et légère comme une œuvre de circonstance où elle avait mis tout son talent. Celui qui eût refusé d'en goûter en disant : « J'ai fini, je n'ai plus faim », se serait immédiatement ravalé au rang de ces goujats qui, même dans le présent qu'un artiste leur fait d'une de ses œuvres, regardent au poids et à la matière alors que n'y valent que l'intention et la signature. Même laisser une seule goutte dans le plat eût témoigné de la même impolitesse que se lever avant la fin du morceau au nez du compositeur.

Marcel Proust, *Du côté de chez Swann*, 1913.

DOCUMENT 8

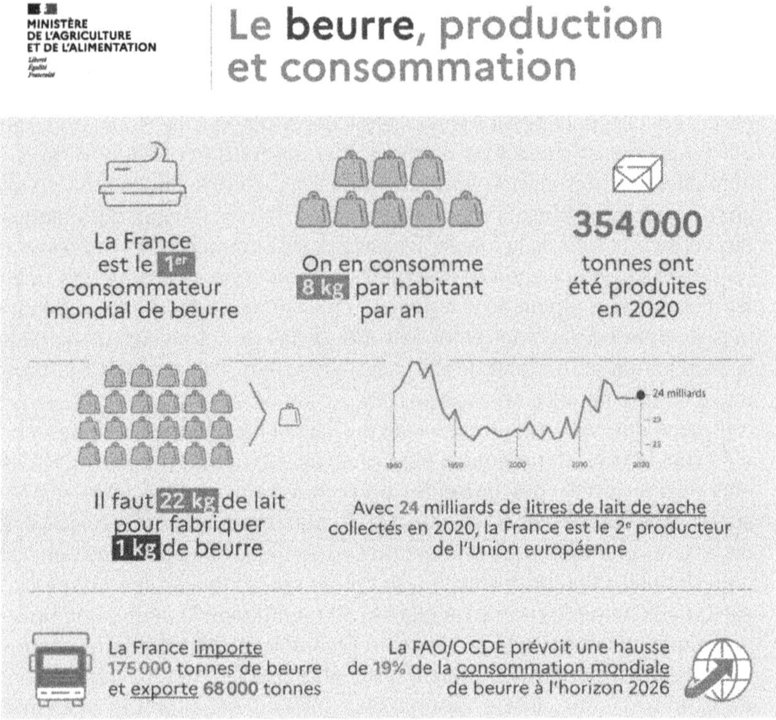

Infographie du 11 janvier 2022, basée sur les données de 2020, « Le beurre, production et consommation », publiée par le Ministère de l'agriculture.

Points méthode

Lire les documents

Pour découvrir les documents

Les documents transmettent toujours des idées relatives au thème général de l'année et du corpus. Les questions vous aideront à vous orienter dans leur découverte, mais il faut analyser la façon dont le discours est transmis, en cherchant le statut du document et l'énonciation à l'œuvre.

Identifier la nature des documents

Les documents doivent se lire en fonction de leurs genres. Dans l'écriture de vos paragraphes, il convient de dépasser la généralisation dès les premières phrases. Ainsi, un document peut être iconographique ou textuel, et cette première division en entraîne d'autres. Au sein des textes, on distinguera les textes dits littéraires (Poésie, Théâtre, Roman) des genres non littéraires (Presse, Essai, Lettre, Site internet). En définitive, il s'agit de comprendre le statut des documents : certains exprimer explicitement une thèse, alors que d'autres formulent leurs arguments autrement, quand ils ne font pas simplement qu'illustrer des idées.

En découvrant le corpus, faites appel à vos connaissances acquises au long de votre scolarité pour identifier les genres littéraires, mais distinguez surtout les textes argumentatifs ou explicatifs, des textes ayant valeur d'exemple ou d'illustration, des images ou des représentations statistiques.

Pour bien lire un document, il faut en comprendre la visée, et confirmer par la lecture la cohérence du discours qu'il propose. Sur le thème, le document cherche-t-il à raconter des faits réels ou imaginaires ? à faire comprendre un concept ou un fonctionnement, à l'aide d'un vocabulaire technique ? à rapporter une conversation, donc un débat entre plusieurs personnages ? à persuader ou à convaincre à l'aide d'arguments et d'exemples ? à décrire un lieu, une personne, un moment ? à renseigner sur un évènement passé ou à venir ?

Identifier l'énonciation du document

À chaque fois que l'on s'adresse à quelqu'un, à l'oral ou à l'écrit, on produit un énoncé. On accomplit alors une énonciation. Restituer un énoncé dans la situation d'énonciation, c'est se demander : « qui parle ? » (l'émetteur), « à qui ? » (le récepteur), « à quel moment ? », « dans quel lieu ? » et « dans quelle intention ? ». On distingue les énoncés ancrés dans la situation d'énonciation (moi, tu, ici, maintenant) des énoncés coupés de la situation d'énonciation (il, lui, là-bas, ce jour-là). Dans la lecture d'un document, il convient de se demander si l'auteur nous parle directement, ou bien si, loin de pouvoir rapporter directement l'énoncé, il faut tenir compte de la façon particulière dont l'énoncé est produit. Vos paragraphes de réponse se doivent de tenir compte de la manière dont les idées peuvent être mentionnées.

Exemples : le document 2 de cette étude est un article de presse d'Alexandre Lacroix intitulé de façon très claire : « Je suis ce que je mange ». À travers ce titre, l'auteur explicite dans une énonciation directe sa pensée, que l'on peut assimiler à la thèse du texte. Publié pour *Philosophie magazine*, le texte se situe m chemin entre l'article de presse et l'essai. Il n'est pas question, ou alors de façon fortuite, d'un commentaire journalistique de l'actualité. Cependant, par sa brièveté et par l'accessibilité du discours, il ne rentre pas tout à fait dans la forme de l'essai. Lire ce document consiste donc à comprendre comment l'auteur soutient le point de vue (ou l'angle, pour adopter le langage journalistique) qu'il annonce. À l'inverse de ce texte, tous les autres documents sont de natures et d'énonciations plus délicates à approcher. Un roman ou un extrait de théâtre montrent indirectement la pensée d'un auteur. Flaubert dans *Madame Bovary* (document 6) brosse à travers Emma et la relation qu'elle entretient avec l'alimentation. Ce personnage de fiction peut servir de prisme indirect pour comprendre le monde tel décrit par l'auteur, mais ne peut se lire de la même façon que l'article de presse.

Pour comprendre le sujet d'essai

Comme étudié dans le premier point méthode, deux sujets seront proposés en rapport avec le thème lors de l'examen. Outre le fond (les deux sujets n'aborderont pas les mêmes enjeux du repas), les sujets présentent généralement des différences formelles importantes. Voici quelques questions pour mieux comprendre la réponse attendue : Dois-je répondre au sujet par oui ou par non ? (question fermée) ; Dois-je donner mon avis sur une citation/pensée (êtes-vous d'accord avec...) ? ; Suis-je explicitement attendu sur une nuance de réponse (fréquent avec les négations restrictives (par exemple : le repas n'est-il qu'une affaire de nutrition ?) ; dois-je choisir entre deux axes proposés (par exemple : faut-il manger pour vivre ou bien vivre pour manger ?). Pour bien traiter le sujet d'essai, il faut donc reformuler les sujets pour être sûr de bien comprendre les attendus, c'est-à-dire les types de réponses possibles, puis d'argumenter et d'illustrer en fonction de ces attendus.

Prenez le temps de bien lire les sujets et de comprendre la réponse attendue, avant d'imaginer les arguments et exemples pour y répondre. Négliger cette étape fait choisir le sujet en fonction des souvenirs de documents et concepts travaillés, qu'on peut parfois avoir du mal à rendre cohérent avec le sujet. Si l'essai vous laisse libre dans les idées défendues, la rédaction est orientée par la formulation de la question.

Exemple : le sujet « Selon vous, la cuisine est-elle un art ? » invite à donner son avis sur le lien entre la cuisine et l'art. On remarque que la lecture du sujet s'efforce de préciser la cuisine par rapport au thème plus général du repas. Il s'agit de donner une définition de la cuisine que le verbe être suggère, et d'évaluer si cette définition correspond à la notion d'art. Pour répondre à ce sujet, on peut envisager la cuisine comme faisant effectivement partie des arts, ou comme ne rentrant pas dans cette partie de la culture. Par ailleurs, la proposition à questionner « la cuisine est un art » fait intervenir une relation de prédication qui suppose une investigation sur l'art. Pour bien répondre à ce sujet, il faudra se demander ce qu'est l'art et si la cuisine peut rentrer dans l'une ou l'autre des acceptions de cette notion générale. Enfin, le sujet contient l'article indéfini « un » qui ferait côtoyer la cuisine avec d'autres formes d'arts bien identifiés comme la musique, le dessin ou le cinéma.

Un sujet d'essai est bien compris si :

- La formulation est repérée et la démarche attendue est identifiée
- Les mots-clefs sont bien identifiés et précisés, ils ne se réduisent pas à ce qui a déjà été étudié en classe et sont décryptés pour eux-mêmes.
- Le débat posé par la question est clair, quelle que soit la façon dont vous choisissez d'y répondre.
- En fonction du débat, vous structurez votre réponse à partir d'arguments qui permettent de justifier progressivement votre point de vue.

Étude 3

À la table des relations : enjeux sociaux et politiques

« Manger seul rend facilement dur et sauvage », affirmait le philosophe Walter Benjamin dans son essai *Sens unique*. D'où nous vient cette certitude que manger « ensemble » est si important pour l'être humain ? Pourquoi vantons-nous autant les vertus du repas partagé pour notre équilibre psychologique et familial ? Les mots « compagnon » et « copain » sont reliés à l'alimentation. Issus, selon le *Dictionnaire de l'académie française*, des mots latins *cum* – avec – et *panis* – pain – puis du latin populaire *companionem* signifiant « celui qui partage le pain avec un autre ». La commensalité[42] est pourtant un terme neutre qui ne prédispose pas toujours à la cohésion et à la convivialité. La table peut en effet être aussi le lieu où s'exacerbent les conflits, où les normes sans cesse rappelées peuvent mener à des souffrances. À l'origine, la dimension sociale du repas intervient comme un des marqueurs fondamentaux pour distinguer l'alimentation humaine de la nutrition animale. Nos tables et nos plats sont pensés pour favoriser l'échange des commensaux. Dans le **document 2** de notre première étude, nous avons vu que les tables et les façons de s'y tenir se sont précisées « peu à peu à travers les âges par l'influence directe des relations et coutumes sociales ». Il nous faut désormais soulever les questions de l'influence inverse, celle du repas comme socle de la vie sociale. Initié dès l'enfance à travers la socialisation et l'apprentissage des « bonnes manières », la fonction sociale auquel le repas participe pleinement s'impose comme un marqueur humain particulier, qui ne se confond pas avec le caractère grégaire des meutes concentrées autour de leurs proies. Cette fonction sociale se retrouve dans bien des raisons de se mettre à table, et peut aussi avoir un rôle politique, que rappelle l'omniprésence du repas dans les sociétés humaines. Bien entendu, cet enjeu social du repas doit composer avec des obstacles, lorsque, loin d'être conviviale, la commensalité devient infernale.

---

42. Mot-clef du thème : déjà abordé plusieurs fois et définit dès la mise en bouche, le mot commensalité désigne le fait de partager un repas. Les commensaux sont par extension les différentes personnes autour d'une table. Du latin *cum mensa* signifiant « à table avec ».

1 Le rôle éducatif du repas, une socialisation aux petits oignons[43]

- La grande immaturité du nourrisson à la naissance implique qu'il ne peut se nourrir seul ; la satisfaction de ce besoin physiologique nécessite obligatoirement l'intervention de l'adulte. C'est de cet adulte que dépend la survie physique et psychique du bébé, et le repas constitue une rencontre intense pour les deux protagonistes. Notons que le repas est pour le nourrisson un besoin qui entre en relation systématique avec d'autres nécessités, peut-être moins évidentes au premier abord. L'attachement et l'affection, donc la relation sociale dans ses prémices est une nécessité vitale. C'est notamment ce qu'a montré l'observation clinique de René Spitz (▶ **Doc. 1**) synthétisée dans le terme « hospitalisme » : les enfants privés de liens affectifs avec l'adulte se laissent dépérir. Ainsi, le repas est un des moments décisifs de la construction relationnelle de l'enfant.

- Peu à peu, les interactions imprègnent la mémoire et participent à la personnalité. Autour des nourritures, les moments des repas sont teintés d'affects : empreints de tristesse, de tendresse, de tensions. L'enfance est ainsi forgée par la mémoire des plats ou des boissons associés à tel membre de la famille, ou l'aversion qui se développe pour tel met imposé dans la contrainte. Ces étapes sont aussi l'occasion de l'apprentissage des règles : celles du bien manger, de la convivialité, du partage, qui ne vont pas toujours de soi. Les bonnes manières concernent en grande partie le comportement à adopter autour de la table.

- L'homme mange en effet de façon culturelle à travers une série de conventions et de rites, qui peuvent aller jusqu'à gommer la nutrition animale. Les bonnes manières commandent ainsi de masquer les bruits de la déglutition, de dissimuler les réactions naturelles. Les dents, la langue, les bruits de digestion doivent se rendre invisibles et inaudibles. Le besoin naturel à table en train d'être satisfait par l'alimentation se cache, pour faire place à la civilité. Dans son traité d'éducation *De la civilité puérile*, l'auteur majeur de l'humanisme Érasme consacre un chapitre central aux repas, étudiés sous l'angle des bonnes et des mauvaises manières de se tenir à table. Il évoque alors fréquemment des comparaisons animales pour signifier en quoi les bonnes manières mènent de la sauvagerie à la civilité, mais aussi en quoi les mauvaises révèlent l'enfant mal éduqué : « s'ingurgiter, d'un coup, de gros morceaux, c'est le fait des cigognes ou des goinfres [...] on ne ronge pas les os avec ses dents, comme un chien

---

43. Mot-clef du thème : l'expression, « aux petits oignons », désigne quelque chose de parfait, préparé avec beaucoup de soin. La cuisine mijotée, c'est-à-dire à la cuisson lente à basse température, est souvent accommodée d'oignons finement coupés et dorés à la poêle, d'où la naissance de l'expression « préparer un plat aux petits oignons ».

[…] lécher à coups de langue […] l'assiette ou le plat, c'est agir en chat. » Pour le verbe manger, la langue allemande offre les verbes *essen* et *fressen*, qui s'appliquent respectivement à l'homme et à l'animal. Or, manger comme une personne humaine suppose d'acquérir un certain nombre de codes contingents[44] qui nous éloignent peu à peu des instincts animaux. Cependant, on est en droit de se demander ce qui justifie l'adjectif de l'expression « bonnes manières », si celles-ci nous éloignent de l'animalité. En effet, n'y a-t-il pas un danger à faire de l'humanisation par le repas une négation de toute animalité ?

- Dans le même courant de l'humanisme, Rabelais rattache la nourriture humaine aux besoins corporels. Les excès en tous genres (boisson, nourriture), les mauvaises manières et les références scatologiques des premiers chapitres de son *Gargantua* (1534) rappellent la place de la physiologie au cœur de l'alimentation et, par elle, des facettes parfois négligées de l'existence humaine. Rabelais semble, en définitive, rejoindre Érasme dans la seconde éducation, celle de Ponocrates qui « découvrit la fâcheuse manière de vivre de Gargantua » et qui réagit au ridicule des éducations sophistiques, préconisant l'acquisition d'une relation plus mesurée à l'aliment et au monde. Le repas gargantuesque fait place à une diète raisonnée, qui gomme en partie l'aspect matérialiste et sensuel, pour considérer ce moment comme une activité d'éveil et d'instruction : « parlant pendant les premiers mois de l'efficacité et de la nature de tout ce qui leur était servi à table : du pain, du vin, de l'eau ». Après les bonnes manières, le repas familial peut être l'occasion de leçons de choses[45]. Les aliments sont l'occasion de découvertes et d'apprentissages multiples, surtout si le repas favorise les discussions. Notons par ailleurs que la socialisation par l'alimentation ne se réduit pas à des normes arbitraires parce que contingentes. Bon nombre des apprentissages sont reliés à des notions objectives de diététique (manger de tout pour être en bonne santé, par exemple) et d'éthique (partager le plat et participer au service de table pour vivre ensemble, par exemple).

- Certains repas célèbrent durant l'enfance le passage d'un âge à l'autre, ou marquent l'intégration au groupe, lors de baptême, de *bar-mitsva*, de repas d'anniversaires ou de banquets de noces. Nos parcours s'ouvrent à des espaces relationnels nouveaux, hors des tables familiales dont

44. Ce mot désigne en philosophie ce qui n'est pas nécessaire et donc pourrait être autrement. Les « bonnes manières » ne s'imposent pas naturellement et sont le fruit de choix, de conventions des sociétés humaines, par ailleurs variables sur la surface du globe.

45. La leçon de choses est un principe éducatif théorisé à la fin du XIXe siècle, consistant à illustrer une idée abstraite en utilisant des objets du quotidien ou des exemples concrets, plutôt que de se fier uniquement aux livres ou aux cours théoriques. « Je hais les livres ; ils n'apprennent qu'à parler de ce qu'on ne sait pas », dit Rousseau dans son *Émile*.

nous avons vu dans la première étude la caractéristique ségrégative. À la cantine, dans les premiers rendez-vous amoureux, le partage de nourriture fait naître ou accompagne bien des histoires. Il y a aussi les repas professionnels, les repas d'affaires qui contribuent à sceller ou entretenir les liens sociaux. Dès l'adolescence, la socialisation par le repas hors de la famille, prend des formes nouvelles, à travers des mondes alimentaires de référence[46] : communautés « végé » ou « sans gluten », par exemple. Faire communauté autour des repas se pratique enfin dans des mondes alimentaires « virtuels », ce qui regroupe l'ensemble des interactions sur les réseaux sociaux par la diffusion en ligne de recettes, de « trucs » pour cuisiner ou de diffusion de bons plans, qui participent à des nouvelles façons de « faire communauté ».

2 L'homme se met à table pour se relier au monde

- Une fois passées la socialisation et l'éducation, l'adulte conserve l'habitude de relier le moment du repas et la relation aux autres. Le repas ne se confond pas avec l'acte de manger. Ceci étant, toutes les sociétés n'envisagent pas le repas de la même manière. En France, le « repas gastronomique », inscrit en 2010 au patrimoine mondial de l'UNESCO reste une institution. Il oblige même les spécialistes de la restauration rapide à tenir compte de ce goût prononcé des Français pour la consommation des repas dans un temps relativement long et une ambiance sereine. Ainsi, la chaîne de restaurants McDonald's a calculé que le temps moyen passé par les consommateurs dans ses établissements était de vingt minutes en France, contre neuf minutes dans les autres pays européens et a aménagé en conséquence son organisation pour satisfaire à cette « exception culturelle ». Si cette culture de la commensalité demeure dominante, on note que dans certains milieux sociaux, elle tend à être remplacée par ce que le sociologue Jean-Pierre Poulain appelle le « vagabondage alimentaire ». Ce phénomène est caractérisé par la régression des repas structurés pris en commun, et par l'augmentation des prises alimentaires individuelles, en dehors du temps des repas. Dans de nombreux contextes, le terme « repas » se confond d'ailleurs avec le mot « manger ». C'est le cas dans le Pacifique notamment où, à Tahiti, « repas tahitien » se traduit par *ma'a Tahiti*, ou encore au Vanuatu, où *kakaé* signifie à la fois « manger » et « repas ». Un tour du monde des modalités de consommation montrerait probablement une grande disparité.

---

46. L'analyse psychosociale distingue les groupes d'appartenance (milieux dans lesquels vit objectivement un individu) des groupes de référence, porteur de valeurs, de normes de comportement qui peuvent avoir la préférence des individus par rapport à celles de leur groupe d'appartenance..

Néanmoins, même si les repas n'insistent pas tous sur la conversation, même si les raisons de se mettre à table ne doivent pas omettre le besoin de se restaurer ou le plaisir du palais, de nombreux auteurs s'accordent sur cette importance du lien aux autres, qui caractérise l'humanité qui mange. Le **document 2**, qui reprend la citation initiale de cette étude montre qu'il est difficile de manger seul. Walter Benjamin en fait une des objections majeures à la vie de célibataire, et ajoute que c'est une des difficultés principales de la vie d'ermite. Sa pensée s'ancre d'ailleurs dans une longue tradition philosophique. Ainsi, pour Kant, le plaisir de la conversation complète et sublime la « satisfaction corporelle » éprouvée à l'occasion du repas. À la simple satisfaction des sens, il faudrait donc joindre un plaisir conforme à notre nature sociale : celui de la discussion. Selon Kant, en effet, « la forme de bien-être qui paraît s'accorder le mieux avec l'humanité est un repas en bonne compagnie »[47]. Le penseur allemand s'efforçait d'ailleurs d'avoir aussi souvent que possible des convives à sa table. Manger seul est « malsain pour le philosophe », qui, en l'absence d'invités, se trouve prisonnier de ses propres pensées. On pourrait d'ailleurs relier cette idée à deux remarques : l'importance des sauces en cuisine, souvent commentées comme une métaphore du lien, et la difficulté qu'évoquait Benjamin d'être réellement seul en mangeant. Le **document 3**, par exemple, fait voir un enfant mangeant devant la télévision. Bien souvent, l'absence de commensalité fait ainsi intervenir d'autres formes de relations : sur son smartphone, devant la télévision ou dans ses rêveries, car il est difficile de prendre un repas seul. Loin d'être anodin, le fait de partager un repas « vivifie nos pensées » pour Kant et nous permet de faire société. Ce qui permet aussi de nous construire.

Il ne s'agit pas uniquement de reprendre la célèbre définition aristotélicienne de la parole comme propre de l'homme[48], qui voudrait que nous nous épanouissions pleinement dans les relations aux autres. La conversation à table nous construit, même lorsqu'elle ne nous fait pas plaisir. La photographie du **document 3** fait ainsi écho à une étude menée en 2021[49] sur 1 500 jeunes enfants qui montre que « l'exposition à la télévision pendant les repas familiaux est systématiquement associée à des scores de langage plus faibles ». Manger en échangeant nous construit et nous développe. Pour Pierre Bourdieu (1930-2002), partager un repas, c'est aussi partager des valeurs (▶ **Doc. 4**). Ce qu'il y a dans l'assiette n'est en effet jamais complètement neutre, et les plats que nous aimons prendre ensemble trahissent notre appartenance à une classe. Au-delà de sa fonction nutritive, le repas est un marqueur social. Les

47. Emmanuel Kant, *Anthropologie du point de vue pragmatique*, première partie, livre III, « De la faculté de désirer », 1798.

48. Aristote, *Politique*, I, 2. (330 av. J-C.)

49. https://www.nature.com/articles/s41598-021-90867-3

membres de la classe populaire auraient ainsi tendance, selon Bourdieu, à se retrouver autour de repas placés sous le signe de l'abondance et dans une atmosphère de familiarité, tandis que les bourgeois privilégieraient la qualité des mets, feraient du repas une « cérémonie sociale ». Le « franc-manger » des premiers s'oppose au « manger dans les formes » des seconds. Dans toutes les situations, il s'agit d'être relié à son monde en en partageant les valeurs.

- Enfin, on sait que le repas nous permet de partager un lien de confiance. Dans un entretien donné à RTS, l'acteur et réalisateur Alexandre Astier confiait ainsi son incapacité de travailler avec des gens avec qui il ne pourrait pas déjeuner. Pour l'écrivain Élias Canetti (1905-1994), prix Nobel de littérature en 1981, un repas pris ensemble abolit la crainte que l'on peut avoir des autres hommes, et notamment de leurs pulsions cannibales : « assis côte à côte, écrit-il dans *Masse et Puissance*, on découvre ses dents, on mange, mais, même à cet instant critique, l'appétit ne vient à personne de dévorer son voisin. On s'en sait gré, et l'on estime aussi le voisin pour sa réserve, qui va de pair avec la sienne propre ». Désamorcer toute forme d'animosité entre les convives, voilà peut-être le rôle du repas partagé. C'est pourquoi il existe autant de repas pour faire affaire, des dîners pour négocier en politique. Le repas est un moyen de rejoindre l'humanité, de la développer en nous, mais c'est aussi l'une des voies les plus favorables pour mieux s'entendre.

- Ce n'est donc pas pour rien que beaucoup de rendez-vous amoureux se font autour d'un repas, car s'entendre n'est pas que négocier en affaires, mais aussi s'épanouir dans la vie relationnelle. C'est ce que montre par exemple le résultat de l'étude dont le **document 5** est extrait : le partage d'un repas, qu'il ait lieu au restaurant ou qu'il soit « fait maison » apparaît comme la soirée romantique idéale, pour l'immense majorité des personnes interrogées.

3 À la table des négociations

- La cuisine détient en effet une fonction politique, qui prolonge son rôle social. Platon associait dans *La République* la qualité d'une démocratie à celle de sa cuisine et de son alimentation. Pour que le repas politique soit favorable, il doit cependant respecter certaines prérogatives : On pourrait retenir par exemple celle de Kant dans l'ouvrage précité : « les règles d'un repas de bon goût où la compagnie est animée sont : a) choisir un sujet qui intéresse tout le monde et donne à chacun l'occasion d'y prendre convenablement sa part ; b) ne pas laisser s'établir dans la conversation des temps morts, mais des repos d'un instant ; c) ne pas changer de sujet sans nécessité, et ne pas sauter d'un thème à l'autre car à la fin du repas, comme à la fin d'un drame, l'esprit cherche inévitablement à se souvenir des différents épisodes de la conversation. » Il faut donc, pour qu'un repas soit réussi, établir un dialogue construit et rythmé, chaleureux mais exigeant. Cela montre bien que le repas est un moment codifié : en plus des manières de table auxquelles il convient de se conformer, des règles qui ne sont pas liées à la nourriture s'imposent aux convives. Kant nous livre ici, avec quelques siècles d'avance, une analyse précise de ce qu'est le repas d'affaires dans le monde de l'entreprise comme dans la vie politique. En effet, aujourd'hui, le repas d'affaires constitue le moment opportun pour signer des contrats, entretenir les relations, rencontrer de nouveaux clients. L'atmosphère agréable du restaurant, les mets qui y sont servis, l'éloignement du bureau, sont autant de facteurs qui incitent deux clients à se rencontrer pour faire des affaires. Mais il ne suffit pas de donner rendez-vous à un client dans un restaurant chic pour conclure le marché. Comme pour la socialisation de l'enfant et les bonnes manières, le repas professionnel s'apprend car il contient ses propres codes.

- Si la dimension sociale du repas témoigne d'un rôle dans les négociations et la vie politique à travers des codes, d'autres éléments permettent d'en assurer la réussite. Parmi eux, la qualité de la cuisine elle-même. « Sire, j'ai plus besoin de casseroles que d'instructions écrites », aurait répondu Talleyrand, à qui Louis XVIII avait confié le destin de la France lors du congrès de Vienne[50]. Cet épisode célèbre de la dimension politique de la gastronomie comprise par Talleyrand, armé du génie d'Antonin Carême, contient de nombreux précédents. L'extrait de l'article du **document 6** résume les multiples manières dont la cuisine a été utilisée, son seulement pour négocier, mais bien comme arme diplomatique à part entière, s'avérant être l'un des meilleurs *soft power*[51]. Nous pourrions aussi évoquer l'espace lui-même et la forme des tables, entre le huis clos et l'espace ouvert, les banquets et les tables intimistes, il convient de réfléchir à l'atmosphère la plus propice aux succès des négociations.

- Cependant, même si tous les ingrédients semblent réunis pour s'entendre, il arrive que le repas tourne au fiasco. Certains repas partagés sont marqués par des difficultés à s'entendre, soulèvent des conflits, véhiculent des oppressions. Pour mieux comprendre l'enjeu social du repas, il nous faut donc réfléchir à ce qui peut mettre en danger ce moment du « proprement humain »[52].

---

50. Sur ce point, on peut lire avec intérêt l'ouvrage « À la table des diplomates », dirigé par Laurent Stéfanini (2019).

51. Le *soft power* (traduisible en français par la « manière douce » ou le « pouvoir de convaincre ») est un concept utilisé en relations internationales, qui désigne les outils diplomatiques d'un pays susceptibles d'affirmer sa puissance.

52. Référence à Roland Barthes déjà évoquée en introduction : le bon repas est « "proprement humain", car c'est le désir en ce qu'il se parle, qui distingue l'homme ».

4 Quand le repas tourne au vinaigre[53]

- « L'homme s'assiéra à table avec un regard pur / Une seule chose reste interdite / Aimer sans amour », chante Guts, à partir d'une traduction des « Statuts de l'Homme », poème portugais écrit en 1964 par le poète brésilien Thiago de Mello. Pourtant, la convivialité à table ne se décrète pas, et bien des situations témoignent des difficultés à s'entendre. Voici un tour d'horizon des obstacles à la commensalité heureuse.

- Dans la première étude, nous pouvons constater que la forme des tables et la gestion concrète des repas participent plus ou moins à favoriser une atmosphère conviviale. Dans certains cas, les tables elles-mêmes peuvent nuire au partage. Dans l'**étude 2**, nous avons vu que les plats traduisent la diversité de nos marqueurs identitaires. Non seulement marqué par une humanité en commun, l'analyse des assiettes donne à voir des disparités anthropologiques : goûts, aspirations et motivations. Or, le dialogue n'est possible que si les commensaux prennent acte de leurs diversités. Ce qui semble convivial pour certains apparaît parfois insoutenable pour d'autres. Pensons par exemple à certaines blagues mal vécues par certains convives lors des repas de famille, aux injonctions à boire, à manger de façon carnée, ou à contrôler ses excès. Ne pas assez prêter attention à nos singularités identitaires, ou trop les imposer aux autres, cela rend la convivialité plus délicate. Bien au contraire, échanger à la fois sur ce qui nous distingue et ce qui nous rassemble, amorce un dialogue.

- Manger ensemble suppose de synchroniser son rapport au temps. Une étude de l'Insee de 2012 a ainsi montré que si le rituel des trois repas domine, il est malgré tout moins respecté par les jeunes, qui sont les moins nombreux à prendre un petit-déjeuner : seuls 64 % des moins de 25 ans ont une prise alimentaire entre 5 heures et 11 heures contre 90 % des personnes de 50 ans et plus. Pour certains, sauter parfois un repas ou déjeuner sur le pouce peut aussi être un moyen de libérer du temps pour les personnes qui travaillent : plus de 60 % des cadres, des indépendants et des professions intermédiaires déclarent sacrifier ainsi de temps en temps la pause déjeuner. C'est un peu moins souvent le cas pour les ouvriers (46 %). Aux disparités temporelles entre les PCS (professions et catégories socioprofessionnelles) et les générations, le temps du repas n'est pas homogène selon les cultures. Tout porte ainsi à croire que cette temporalité traduit une forme de sacralité du repas, loin d'être unanimement partagée. Cet enjeu du temps passé à manger a beaucoup à voir avec l'importance

53. Mot-clef du thème : l'expression « tourner au vinaigre » s'utilise de façon métaphorique pour désigner une situation ou une conversation, qui s'oriente vers la dispute et la confrontation, en référence à l'acidité d'un vin devenant du vinaigre.

toute relative de cette activité pour les individus. Or, même lorsque les goûts et les manières s'accordent, la relation singulière des commensaux au temps peut être un obstacle important à l'harmonie. Le **document 3** est un exemple des sollicitations multiples (écrans, dossier à achever, impatience) qui freinent parfois l'évidence d'un repas partagé. Longtemps, les bonnes manières imposaient par exemple aux enfants de ne pas quitter la table sans y être autorisés.

- Nous avons montré dans cette étude que la fonction sociale du repas en faisait le prisme à travers lequel pouvait s'installer bon nombre de discussions et de réflexions. Si Kant a raison de penser que le repas partagé « vivifie nos pensées », il peut favoriser certains conflits et difficultés à s'entendre. Les opinions sur des sujets politiques ou sociétaux peuvent s'avérer clivants et les passions qui s'échauffent dans le cadre contenu de la place assise peut rendre certaines situations difficiles. Pour y répondre, certains choisissent de trier leurs sujets de conversations, tandis que d'autres peuvent ressentir moins de souffrance en se disputant, soucieux d'imposer leurs opinions. Du théâtre de Jean-Pierre Bacri et d'Agnès Jaoui, l'adaptation d'*Un air de famille* par Cédric Klapisch met très bien en scène cette réalité. Le repas de famille qu'il propose ressemble à un petit théâtre qui se rejouerait chaque semaine avec la même mise en scène : les mêmes prises de bec, les mêmes mises au point inutiles, indéfiniment. À l'asynchronie des temporalités à l'échelle du repas s'ajoute l'habitude lancinante des disputes similaires rejouées sans fin. Moins connu, *Sieranevada*, de Cristi Puiu (2016) synthétise très bien les conflits idéologiques et la délicate gestion de la temporalité. Le film donne à voir une famille qui se rassemble pour prier la fin d'une période de deuil du patriarche, imposée par la religion orthodoxe. Or le pope n'arrive pas et il est hors de question de commencer le repas avant sa bénédiction. Une attente qui va favoriser les disputes entre les membres de la famille. Pendant 2 heures 53, les histoires de couples, les questions politiques sensibles et les conflits du passé qui ressurgissent enveniment l'évènement. Outre le célèbre *Festen* que nous évoquions dans la première étude, *Que la bête meure*, de Claude Chabrol (1969) est une synthèse bouleversante d'un repas qui tourne au vinaigre. Paul Decourt (Jean Yanne) s'en donne à cœur joie pour humilier sa femme, qu'il accuse de mal cuisiner et dont il se moque. Le tyran domestique utilise les « bonnes manières » et les « bonnes raisons » pour exercer sa domination. Prenant à parti des autres convives, il multiplie les attaques dans un espace que le rituel du repas interdit de fuir. Ce repas met en scène la façon dont la fonction sociale du dîner peut être utilisée contre sa finalité, pour opprimer l'autre.

- Dans le chapitre 9 de *Souvenirs d'un pas grand-chose*, Charles Bukowski raconte le repas familial vécu par le personnage principal, battu par son père dans le chapitre précédent (▶ **Doc. 7**). Rappelé à son devoir, le personnage supporte les brimades, les sous-entendus et l'insupportable silence que le repas impose. Autant de façons de questionner les « bonnes manières » et la moralité qu'elles sous-tendent, dont l'exploitation par les tyrans domestiques peut être un moyen de faire vivre l'horreur aux commensaux.

DOCUMENT 1

Bien que la situation d'enfants élevés en institution ait préoccupé certains précurseurs il y a fort longtemps, c'est surtout le psychiatre et psychanalyste René Spitz (1887-1974), au travers de son ouvrage *La Première Année de la vie*, paru initialement aux États-Unis en 1965, qui a véritablement alerté les professionnels et l'opinion publique sur ce problème.

Quand des enfants meurent de tristesse

Le point de départ vient des observations empiriques qu'il a effectuées auprès de nourrissons abandonnés ou placés, dans une institution dite « pouponnière ». Pendant la seconde partie de leur première année, certains d'entre eux adoptèrent un comportement pleurnicheur, puis de retrait. Ces enfants restaient couchés sur le ventre dans leurs berceaux, détournant la tête et refusant de prendre part à la vie de leur entourage. Ce comportement s'aggrave ensuite, sous forme d'une espèce de rigidité glacée, avec les yeux dépourvus d'expression, comme perdus dans le vague. Tous les enfants atteints de ce syndrome avaient été privés de leur mère pendant trois mois, entre le sixième et le huitième mois. Cette séparation avait été causée par des circonstances administratives extérieures inévitables, alors qu'au préalable la mère s'était occupée entièrement de son enfant. Spitz a qualifié ce syndrome de « dépression anaclitique » due à une « carence affective partielle ». Mais il peut y avoir plus grave encore, en cas de « carence affective totale », nous explique Spitz. Lorsque la séparation dépasse cinq mois, les enfants présentent des symptômes d'une importante détérioration qui semble, au moins partiellement, irréversible. Vers la fin de la deuxième année, le quotient de développement des enfants se situait à 45 % de la normale et un tiers des enfants sont décédés des suites de leur état de santé déficient. Spitz a donné le nom d'hospitalisme à ce trouble. Pourtant, l'alimentation, l'hygiène et les soins médicaux fournis dans l'établissement étaient tout à fait satisfaisants. En revanche, selon Spitz, ils recevaient approximativement un dixième des provisions affectives normalement fournies par la relation mère-enfant.

Jacques Lecomte, « René Spitz, Le syndrome de l'hospitalisme », revue *Science humaines*, Grands Dossiers N° 54, 2019.

DOCUMENT 2

Ceci est la plus forte objection à la vie que mène un vieux garçon : il prend ses repas en solitaire. Manger seul rend facilement dur et sauvage. Celui qui a l'habitude de le faire doit vivre en spartiate pour ne pas tomber en déchéance. Les ermites, ne serait-ce que pour cette raison, ont eu une alimentation frugale. Car c'est seulement en communauté qu'on rend justice à la nourriture ; elle veut être partagée et distribuée, si elle doit profiter. Peu importe qui la reçoit : un mendiant à table enrichissait jadis chaque repas. Tout ce qui importe, c'est le partage et le don, et non la conversation mondaine en société. Mais il est étonnant, à l'inverse, de constater que la sociabilité devient instable sans la nourriture. L'offre d'un repas aplanit et réunit. Le comte de Saint-Germain restait à jeun devant des tables pleines et demeurait déjà de cette manière maître de la conversation. Mais là où chacun s'en va le ventre creux, arrivent les rivalités avec leur conflit.

Walter Benjamin, « "Augias" restaurant libre-service »,
***Sens unique*, 1928.**

DOCUMENT 3

Photographie de Franck Dubray pour *Ouest France*, 2021.

DOCUMENT 4

On pourrait, à propos des classes populaires, parler de franc-manger comme on parle de franc-parler. Le repas est placé sous le signe de l'abondance (qui n'exclut pas les restrictions et les limites) et, surtout, de la liberté : on fait des plats « élastiques », qui « abondent », comme les soupes ou les sauces, les pâtes ou les pommes de terre (presque toujours associées aux légumes) et qui, servies à la louche ou à la cuiller, évitent d'avoir à trop mesurer et compter – à l'opposé de tout ce qui se découpe, comme les rôtis. Cette impression d'abondance, qui est de règle dans les occasions extraordinaires et qui vaut, dans les limites du possible, pour les hommes, dont on remplit l'assiette deux fois (privilège qui marque l'accès du garçon au statut d'homme), a souvent pour contrepartie, dans les occasions ordinaires, les restrictions que s'imposent les femmes (en prenant une part pour deux, ou en mangeant les restes de la veille), l'accès des jeunes filles au statut de femme se marquant au fait qu'elles commencent à se priver. Il relève du statut d'homme de manger et de bien manger (et aussi de bien boire). Au « franc-manger » populaire, la bourgeoisie oppose le souci de manger dans les formes. Les formes, ce sont d'abord des rythmes, qui impliquent des attentes, des retards, des retenues ; on n'a jamais l'air de se précipiter sur les plats, on attend que le dernier à se servir ait commencé à manger, on se sert et se ressert discrètement. On mange dans l'ordre, et toute coexistence de mets que l'ordre sépare, rôti et poisson, fromage et dessert, est exclue : par exemple, avant de servir le dessert, on enlève tout ce qui reste sur la table, jusqu'à la salière, et on balaie les miettes. Cette manière d'introduire la rigueur de la règle jusque dans le quotidien [...] est l'expression d'un habitus d'ordre, de tenue et de retenue qui ne saurait être abdiqué. À travers toutes les formes et tous les formalismes qui se trouvent imposés à l'appétit immédiat, ce qui est exigé – et inculqué –, ce n'est pas seulement une disposition à discipliner la consommation alimentaire par une mise en forme qui est aussi une censure douée, indirecte, invisible (en tout opposée à l'imposition brutale de privations) et qui est partie intégrante d'un art de vivre, le fait de manger dans les formes étant par exemple une manière de rendre hommage aux hôtes et à la maîtresse de maison, dont on respecte les soins et le travail en respectant l'ordonnance rigoureuse du repas. C'est aussi une manière de nier la consommation dans sa signification et sa fonction primaires, essentiellement communes, en faisant du repas une cérémonie sociale, une affirmation de tenue éthique et de raffinement esthétique.

Pierre Bourdieu, *La Distinction*, 1979.

DOCUMENT 5

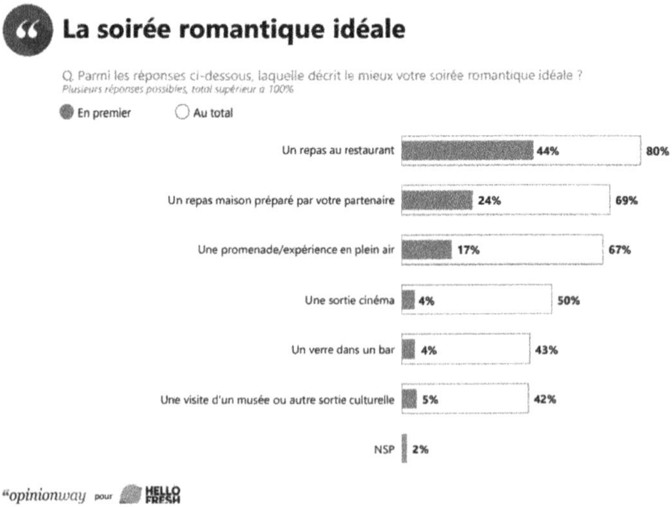

Infographie extraite d'une enquête Opinionway pour Hello Fresh, « La place de la cuisine dans les rencontres amoureuses », janvier 2024.

DOCUMENT 6

Les grandes périodes de rayonnement de la France sont à mettre en parallèle avec la présence de grands cuisiniers et de grands dirigeants. Au XVIe siècle, Catherine de Médicis accède au trône, accompagnée de ses cuisiniers florentins et marque le début de l'art culinaire moderne. Les Italiens sont à cette époque nos maîtres : ils règnent à la fois sur les fourneaux, les arts et la politique. Ils apportent l'usage de la fourchette, inventent la pâtisserie, la confiserie mais révolutionnent aussi le service. Les maîtres d'hôtels font leur apparition et le raffinement de la cuisine française prend alors un accent italien. En bons élèves, les Français conquièrent ensuite l'Italie pour influencer durablement la cuisine transalpine. Ces allers-retours gastronomiques sont de véritables cercles vertueux au service de la paix et du bon goût. L'évolution culinaire suivrait-elle ou contribuerait-elle à une évolution politique et sociale ? [...] Même au Moyen Âge, la cuisine des festins est commune à toutes les grandes cours d'Europe occidentales. La diplomatie se fonde sur les liens familiaux et le partage de repas. [...] La vie à la cour des rois de France, depuis François Ier jusqu'à Louis XV, a été profondément marquée par la gastronomie : les festins sont nombreux, orchestrés et utiles à la diplomatie. Au XVIIIe siècle, le nom du cuisinier, comme le souligne Brillat Savarin, est « presque toujours annexé à celui de leurs patrons : ces derniers en tiraient vanité ». Ainsi, les chefs inventent des plats qui portent les noms de leurs employeurs et renforcent la renommée et l'influence de ces derniers.

Le chef-d'œuvre diplomatico-gastronomique revient à Talleyrand, lors du Congrès de Vienne entre les 18 septembre 1814 et 9 juin 1815, où il fait réaliser des prouesses gourmandes et organise une valse à plusieurs mets pour étourdir les participants. La recette du fameux gâteau le Diplomate a été créée lors de cet événement. La France avait ainsi gagné sur le terrain diplomatique comme sur celui de la gastronomie [...] Nos principaux dirigeants reçoivent dans l'intérêt de la nation, et comme le soulignent les auteurs, bien recevoir c'est d'abord honorer l'hôte. Les menus sont extrêmement étudiés, les produits sélectionnés avec le plus grand soin, en tenant compte des particularités, goûts et cultures des convives. D'abord appelés Grands dîners, puis dîners de gala, on parle maintenant de dîner officiel ou de dîner d'État. Ce sont des événements à haute portée diplomatique qui se déroulent selon un cérémonial précis et rigoureux pour permettre des moments d'intenses échanges tout en garantissant l'excellence à la française.

Paul Bocuse, extrait de « De la gastronomie française comme point d'ancrage des relations internationales », dans la revue *Géoéconomie* n° 78, 2016.

DOCUMENT 7

Mon père parlait de son travail, comme toujours :

- J'ai dit à Sullivan de réduire la distribution à deux personnes et de se relayer pour laisser un homme à la maison. Personne ne se donne vraiment à fond au travail...

- Ils devraient t'écouter, chéri, dit ma mère.

- Excusez-moi, dis-je, s'il vous plaît, excusez-moi, mais je n'arrive pas à manger...

- TU MANGERAS, tu vas voir ! dit mon père. Ce plat, c'est ta mère qui l'a cuisiné

- Oui, dit ma mère. Carottes, petit-pois et roastbeef.

- Et purée de pommes de terre avec de la sauce, dit mon père.

- Je n'ai pas faim.

- Tu mangeras toutes les cacarotes et les pipi-pois que tu as dans l'assiette ! dit mon père.

Il essayait de faire de l'humour. C'était une de ses blagues préférées.

- Chéri ! dit ma mère d'un ton mi-choqué, mi-scandalisé.

Je commençai à manger. C'était terrible. J'avais l'impression de les manger, eux, ceux en quoi ils croyaient, ce qu'ils représentaient. Je ne mâchais rien, j'avalais et c'est tout – pour m'en débarrasser au plus vite. Pendant ce temps, mon père disait que tout était très bon, que nous avions de la chance à manger cette nourriture excellente, que beaucoup de gens dans le monde et même beaucoup de gens aux États-Unis étaient pauvres et mourraient de faim.

- Quel gâteau as-tu préparé, chérie ? demanda mon père.

Son visage était horrible, les lèvres en avant, grasses et mouillées de plaisir. Il se comportait comme s'il ne s'était rien passé, comme s'il ne m'avait pas frappé. Quand je retournai dans ma chambre, je pensais : ceux-là, ce ne sont pas mes vrais parents, ils doivent m'avoir adopté et maintenant ils sont tristes de voir ce que je suis devenu.

Charles Bukowski, *Souvenirs d'un pas grand-chose*, 1982.

Points méthode

Lire les questions

Lors de l'épreuve, les documents peuvent être plus ou moins faciles à appréhender, et les questions doivent aussi être bien comprises. Jusqu'en 2024, la première partie consistait en une épreuve unique de synthèse, désormais scindée en trois ou quatre questions de confrontations. Or, ces questions ne se ressemblent pas. Il vous faut comprendre la démarche à adopter dans le paragraphe de réponse.

Voici quelques questions types sur les documents de cette étude. N'hésitez pas à vous entraîner à y répondre, après avoir identifié ensemble ce qu'elles demandent.

1. Listez dans les documents 2 et 4 les points communs sur la dimension unificatrice du repas.

2. Dites en quoi le document 5 rejoint la pensée de Walter Benjamin quand il dit qu'« il est étonnant [...] de constater que la sociabilité devient instable sans la nourriture. L'offre d'un repas aplanit et réunit. »

3. Dites en quoi les documents du corpus montrent que le repas joue un rôle dans les interactions humaines.

La première question impose une lecture d'une partie ou d'un aspect des documents mentionnés, tandis que la seconde impose de comprendre l'implicite. Il s'agit aussi d'analyser une infographie pour confronter avec précision les discours. La troisième question fait appel à une lecture globale des documents et une organisation en plusieurs facettes de la réponse à apporter.

Notez que souvent, les premières questions préparent la troisième, laquelle doit être plus large et plus construite. À l'inverse, les premières questions portent parfois sur des aspects très précis, qui ne doivent pas être confondus avec la généralité du discours du document.

N'hésitez pas à reformuler les questions pour vous assurer de ne pas faire de hors-sujet et à prendre le temps de repérer les mots-clefs des questions lorsqu'elles sont précises.

Prendre position pour l'essai

Face à la question de l'Essai, il faut se positionner clairement en fonction du type de question (point méthode 2).

- Pour une question à laquelle on peut répondre par oui ou par non, listez les différents arguments possibles et tranchez en fonction de la posture qui a le plus d'arguments. Bien évidemment cette délibération peut s'affiner : certains arguments sont plus forts que d'autres : à la quantité des arguments dans chacun des camps peut s'opposer la force d'une ou deux raisons de soutenir une réponse.
- Pour une question à laquelle vous devez trouver des idées pour soutenir une proposition, vous ne devenez pas trop questionner les présupposés de l'affirmation, mais lister l'ensemble des arguments pour la soutenir. Autant de propositions, plus ou moins fortes, à travers lesquelles vous vous faites l'avocat de l'idée à défendre.

Pour prendre position, il est nécessaire d'exprimer clairement et directement son opinion pas des « je/nous » et des verbes ou expressions qui témoignent de votre implication « pour moi », « je pense que », « en ce qui me concerne ». N'hésitez pas à utiliser des expressions plus impersonnelles qui expriment le point de vue (voir fiche outil Modalisateurs), pour compléter l'expression directe des idées par des moyens plus subtils « aucun doute », « incontestablement », « c'est vraiment », « on voit clairement », « une belle manière de », etc.

Votre position doit être structurée, des arguments les plus évidents et rassembleurs aux raisons les plus originales et complexes. Une bonne argumentation commence par concerner tout le monde avec des raisons assez immédiates et progresse vers des raisons moins évidentes, de nature à faire réfléchir, donc à mieux convaincre, le lecteur.

Pour prendre position en quelques pages, il vous faut nuancer votre propos à l'aide de connecteurs logiques (voir fiche outil Connecteurs) et bien distinguer les arguments (les bonnes raisons universelles de soutenir une thèse) des exemples (les mises en applications concrètes qui rendent tangibles les idées). Enfin, même dans une question de type « avocat » (second point), envisagez toujours les leviers et les freins d'une proposition. Soit pour mieux délibérer, soit pour montrer qu'il importe de donner des bonnes raisons de soutenir une position particulière.

Étude 4

Des arts de la table à la dégustation : enjeux esthétiques

« La cuisine est le plus ancien des arts parce que Adam naquit à jeun, » proclamait l'auteur de la *Physiologie du goût*. Depuis la nuit des temps, l'homme cuisine en transformant la nature, pour en adapter les produits aux désirs de son palais. En désignant cette transformation, nous aimons dire que certains plats sont de petits chefs-d'œuvre. Notons que la définition fondamentale de l'art – comme ensemble de moyens et de procédés conscients, par lesquels l'homme tend à une certaine fin – admet plusieurs sens : l'art a à voir avec la technique de l'artisan, du grec *technè*, mais le mot latin *ars* ajoute l'idée de talent, et l'art se dit enfin de l'œuvre d'un artiste original. Les cuisiniers maîtrisent des techniques, découvertes et transmises, certains d'entre eux sont de vrais cordons-bleus[54], mais peuvent-ils être plus que cela ? La cuisine n'ayant jamais été inscrite dans la liste des arts majeurs, quelle relation les cuisiniers entretiennent-ils avec l'art, entendu dans sa recherche de beauté, de créativité ou d'absolu ? La cuisine étant destinée à être consommée, la dégustation gastronomique peut-elle être comparable à l'expérience du spectateur de l'œuvre d'un plasticien ? La conception actuelle de l'art comme « produit du travail individuel du créateur, définie par son unicité, son originalité et sa gratuité »[55] invite à questionner l'enjeu esthétique des plats, selon les deux points de vue : celui du créateur et celui de ceux qui font l'expérience.

54. Mot-clef du thème : l'origine de l'expression « cordon bleu » remonte au XVIe siècle en France. À l'époque, les chevaliers de l'Ordre du Saint-Esprit, l'ordre le plus prestigieux du royaume, portaient un insigne distinctif maintenu autour de leur cou par un cordon bleu. Au fil du temps, l'expression « cordon bleu » a été progressivement adoptée pour qualifier des individus ayant atteint un niveau exceptionnel de compétence, que ce soit en cuisine, en artisanat, ou dans d'autres domaines.

55. Raymonde Moulin, *Encyclopédie Universalis*, « marché de l'art », 2010.

En 2023, le film *La Passion de Dodin Bouffant*[56] met en scène la relation entre les deux témoins nécessaires pour parler d'art culinaire : le gourmet et le cuisiner. Eugénie travaille depuis vingt ans comme cuisinière d'excellence pour le célèbre gastronome Dodin. De leur amour commun pour la gastronomie naissent des plats uniques, savoureux et délicats. Au fil des années, une passion affectueuse s'est développée entre eux. Eugénie, femme éprise de liberté, symbole de l'artiste autonome, n'a cependant jamais voulu épouser Dodin. Malgré le sentiment amoureux qui naît chez le gastronome, ils font communion en faisant bonne chère[57], jour après jour. Mais lorsqu'Eugénie tombe gravement malade, Dodin décide de cuisiner pour sa bien-aimée. Sont ici rappelés deux aspects d'une seule et même passion, l'un fonctionnant grâce à l'autre et inversement, que rappelle l'importance du « guide rouge » pour les cuisiniers[58] . Marcel Rouff, préfaçant le roman dont est issu le film dans un texte appelé « Justification », voit dans la portée esthétique de la cuisine (▶ **Doc. 1**) une forme d'élévation capable de répondre aux accusations de futilité[59]. Son roman sur la bonne chère ayant été écrit dans un contexte de guerre mondiale. Est-ce dans cette singularité esthétique du repas, que le philosophe Valentin Husson appelle « art des vivres », que le génie culinaire et le gastronome peuvent inventer et exprimer l'harmonie profonde dissimulée sous les apparences chaotiques de la nature ? Est-ce au contraire la nature, dont les principes physico-chimiques répondent aux lois de l'estomac[60], qui dicte « le tempo », pour reprendre la formule l'Alain Passard, chef triplement étoilé de *L'arpège* ?

---

56. Réalisé par Trần Anh Hùng, adapté du roman de Marcel Rouff *La Vie et la Passion de Dodin-Bouffant gourmet* (1924).

57. Mot-clef du thème : la locution « faire bonne chère » vient du latin cara, c'est-à-dire « visage » ou « figure ». L'expression « faire bonne figure », être aimable et de se montrer sous un jour favorable renvoyait au Moyen Âge à l'importance d'accueillir ses invités avec un sourire. « Faire bonne chère » est donc devenu synonyme de « partager un bon moment », autour du repas. Mais selon certains linguistes, l'homonymie entre « chère » et « chair » a probablement contribué à un glissement sémantique et à la confusion orthographique fréquente. Que les végétariens se rassurent, si la gastronomie française demeure carnée, nul besoin de chair pour faire bonne chère.

58. Le « Guide rouge » est un surnom donné au Guide Michelin, un des plus anciens et des plus célèbres guides gastronomiques du monde. La version française a été vendue, selon son éditeur, à trente-cinq millions d'exemplaires entre 1900 et 2007. Chaque année, ses réalisateurs décernent les « étoiles Michelin » qui récompensent les meilleures enseignes. Le chef cuisinier français Pierre Gagnaire, récompensé par 14 étoiles au guide Michelin, est d'ailleurs conseiller technique pour les plats présentés dans *La Passion de Dodin Bouffant*.

59. À l'instar de la formule célèbre du personnage principal de *L'Idiot* de Dostoïevski : « la beauté sauvera le monde ».

60. Mot-clef du thème : l'étymologie emprunte au grec *gastèr*, « ventre », « estomac », et *nomos*, « loi », la gastronomie est littéralement « l'art de régler l'estomac ».

1 La lente conquête de l'art culinaire

▶ Plaçons-nous tout d'abord du côté de ceux qui font les plats. Nous évoquions dans les précédentes études certains noms historiques de la cuisine : Vatel, Thierry Marx, Chantoiseau, Beauvilliers, Carême, Bocuse. Tous ces chefs, et tant d'autres, font vivre l'expression « art culinaire ». Sur ce point, l'histoire a retenu les 26 et 27 octobre 1403, dates auxquelles le comte de Savoie donna à Tournus de gigantesques banquets pour fêter l'arrivée de son épouse. Son cuisinier, maître Chiquart en a consigné, quelques années plus tard, les moindres détails dans *Le Fait de cuisine* : 78 recettes qui font se côtoyer cuisine et esthétique, nécessitant l'intervention de peintres et de machinistes, usant de la chimie pour faire chanter un poulet rôti[61], etc. 500 ans plus tard, le mouvement des Futuristes italiens initie l'ère des artistes-cuisiniers, réalisant des performances comestibles, qui associent peintre, cuisine et mise en scène pour que « tout un chacun ait la sensation de manger des œuvres d'art » (Philippo Tommaso Marinetti). Quelques décennies plus tard, la Nouvelle Cuisine et les premières émissions de télévision font du chef un créateur *in situ*, dont les productions sont livrées visuellement au plus grand nombre et imitées par des spectateurs audacieux. Historiquement, le statut d'artiste ne fut pas toujours accordé au cuisiner. De nos jours, ce métier pénible ne laisse pas toujours de place à cette créativité, mise en scène à foison dans les médias. Le cuisiner est davantage considéré comme un artisan, un ouvrier du goût, qui s'attache à reproduire, et seulement parfois, à interpréter des recettes à sa façon. Pour devenir cuisiner, les élèves de CAP commencent par travailler les techniques, s'entraînant ainsi à réussir les sauces, à pocher les œufs, à réaliser les pâtes brisée, sablée ou feuilletée. « Pour acquérir la parfaite technique, il faut réitérer à l'infini, encore et encore, la même recette en mémorisant les gestes et leur déroulement, jusqu'à devenir presque capable de réaliser cette recette les yeux fermés », enseigne Joël Robuchon[62]. Dans l'Acte II de *Cyrano de Bergerac*, la Rôtisserie des Poètes (▶ **Doc. 2**), Ragueneau invite les apprentis à soigner la présentation des mets : « vous avez mal placé la fente de ces miches », insiste-t-il. À ses élèves, il suggère que pour progresser et réussir un plat raffiné, il faut minutie et précision. Pourtant,

61. « Pour faire chanter un poulet mort et rôti sur la broche ou sur un plat : prends le gosier de ton poulet, attache-le d'un côté et remplis-le de vif argent et de souffre battu. Continue jusqu'à ce qu'il soit plein, puis attache l'autre côté sans serrer trop fort. Quand tu veux le faire chanter, mets ton cou près du gosier du poulet. Quand il sera bien chaud et que la mixture s'échauffera, l'air qui essaiera de s'échapper produira le chant du poulet. » Recette extraite de *La cuisine futuriste*, attribué à *Le Vivendier* (1420-1440) mais faisant écho aux prouesses de maître Chiquart.

62. Cité par Patricia Wells dans *L'atelier de Joël Robuchon* (1996).

Rostand fait le choix d'un personnage cuisinier et poète, faisant référence à Malherbe[63], émerveillé par l'originalité d'une brioche en forme de lyre.

- Ainsi, le monde de l'art et celui de la cuisine furent longtemps incompatibles. Certes, comme le rappelle Patrick Rambourg, dans son ouvrage *L'art et la table* (Citadelles & Mazenod, 2016), les artistes ont pris la cuisine comme sujet pour leurs œuvres. Certes, le sens donné à l'art comme transformation par l'homme de la matière n'a jamais été dénié à la cuisine, mais sa reconnaissance aux côtés de la peinture et de la musique fut discutée tout au long de l'histoire. À l'origine de la conception occidentale de la cuisine, Socrate relaté par Platon, installa une mésentente durable. Dans le *Gorgias* (465a-e), les deux arts du corps (gymnastique et médecine) sont opposés à leurs contrefaçons : « la toilette s'oppose à la gymnastique », « la cuisine s'oppose à la médecine ». Quand l'art de se soigner n'est que l'art de se maquiller, donc de tromper sur sa bonne santé, la santé du corps regarde la raison médicale, qui connaît son organisme, son fonctionnement et son équilibre. La cuisine est elle aussi vue comme une illusion, dont la diététique[64] parachèverait la mise en scène, promettant une forme qu'elle ne peut raisonnablement garantir. Trompeuse, la cuisine nous ferait confondre l'agréable et le bon, puisqu'éprouvant du plaisir, nous perdons de vue le bien de notre corps : « pour moi, je ne donne pas le nom d'art à une chose dépourvue de raison », affirme ainsi Socrate. Seule la raison peut gouverner un psychisme et une physiologie. Le cuisiner, lui, à la rigueur, peut tout juste flatter les bas instincts et stimuler l'appétit, en réduisant le corps à sa dimension sensible et sensuelle. Si l'art évoque aujourd'hui la peinture, la sculpture et autres arts plastiques, il n'en a pas toujours été ainsi. Pour le monde antique, qui sépare depuis Platon le sensible de l'intelligible, seules la musique et la poésie possèdent un statut à part, en tant que productions détachées des contingences de la matière. Si les arts plastiques furent ainsi dévalorisés comme activités manuelles, que penser de la cuisine qui fait vivre au plus près de la matière, jusqu'à la consommer ?

- Le Moyen Âge prolonge cette conception de l'art. Jusqu'à la Renaissance, un artiste est un artisan admirable, qui demeure relié à une logique de

---

63. Malherbe est une référence majeure des théoriciens classique, recherchant « pureté, clarté et précision » dans l'écriture. Cette exigence en cuisine rejoint bien la pensée de Joël Robuchon. En ce sens, l'art culinaire ne distingue pas l'art de l'artisanat, et s'installe dans la catégorie des « arts et métiers », opposée à la science par sa pratique, et à la dimension artistique par la méfiance vis-à-vis de l'originalité créative qu'elle suppose.

64. La relation entre diététique et médecine a considérablement évolué puisque la diététique est une des disciplines médicales. L'erreur, entretenue par certains, consiste peut-être à avoir flatté la célèbre formule d'Hippocrate « que ta nourriture soit ton médicament et que ton médicament soit dans ta nourriture ».

corporation. Le collectif et le culte de Dieu priment alors sur l'individu. Certes créative, éblouissante, succulente, la cuisine est réalisée par des serviteurs, esclaves ou domestiques au service des puissants. Pratique éphémère, centrée sur la mastication et la digestion, la cuisine est reliée au corps et aux sensations passagères. Son discrédit est par ailleurs renforcé par un discours dominant l'accusant de flatter les sens, quand elle ne conduit pas au péché de gourmandise[65]. Ainsi pour Cicéron, « les arts les moins louables sont ceux qui se mettent au service des plaisirs, tels les poissonniers, les bouchers, les cuisiniers. »

- Le contexte culturel de la Renaissance modifie la relation art/artisanat pour rendre possible le statut de l'artiste moderne. L'Italie du Quattrocentro anoblit ainsi les peintres et Léonard de Vinci affirme que la peinture « *é cosa mentale* », chose de l'esprit. Les cuisiniers devront attendre quelques siècles pour revendiquer le même statut. L'Humanisme repense la place de l'homme dans sa faculté créatrice par rapport à celle de Dieu et aux logiques corporatistes. C'est dans cette révolution que l'art s'émancipe de la religion et que l'artiste s'extirpe du collectif en signant ses œuvres. À propos de notre thème, l'ostentation se situe toujours du côté du repas dans sa totalité : la cuisine, comme pratique, demeure invisible. La table est l'instrument d'un pouvoir, connu depuis l'Antiquité, qui développe les arts de la table, avec l'apparition de l'assiette, des couverts et du verre individuel.

2 La cuisine devient discours de l'artiste créateur

- C'est en devenant objet de discours que la cuisine gagne en autonomie, comme le montre le **document 3**. Les livres de cuisine qui prolifèrent au XVIIe siècle vont permettre aux cuisiniers de signer indirectement leurs œuvres. Les plats sont certes consommés, mais acquièrent dans la trace écrite une forme de permanence propre à l'art. La signature apposée à la recette permet par ailleurs à l'artisan de devenir, d'une certaine façon, l'équivalant de l'artiste créateur des Beaux-arts de la Renaissance. Ajoutons que le livre permet aussi de rationaliser le discours. Un certain nombre de ces textes développent leurs recettes sur le mode de méthodes puisant dans des principes et lois scientifiques[66]. Le décryptage de l'analyse

65. Si la gourmandise rejoint surtout l'enjeu éthique et moral de la cuisine, celle-ci correspond pleinement à la dimension esthétique au Moyen Âge, les transcendantaux – le vrai, le beau et le bien – étant convertibles : pour la scolastique, bon et beau se confondent et désignent fondamentalement la même chose sur le plan métaphysique.

66. Publié au XVIIe siècle, *Le discours de la méthode* de Descartes accorde à la méthode une primauté sur les objets eux-mêmes. C'est dans ce contexte que les livres qui aident à « bien cuisiner » valorisent la cuisine elle-même.

sensorielle menant au goût, qui fait reposer le discours sur ses causalités scientifiques, va compléter l'essor du musée et du restaurant pendant la Révolution française. Encore distincts dans leur rapport à l'art, ils sont deux lieux majeurs de l'exercice du goût. L'esthétique et la gastronomie, le critique d'art et le critique gastronomique développent ces lieux comme espaces publics de réception. L'esthétique comme « science du beau » ou « critique du goût » retient du goût une relation encore marquée par la vue. Peu à peu, on goûte les plats des bonnes adresses comme on fait preuve de goût en parlant des tableaux d'un musée. La socialisation étudiée dans l'étude précédente devient alors le levier pour, actant la relativité des goûts, partager son jugement et l'affiner. Avoir du goût pour les choses qui nous sont agréables, comme le montre la référence au vin des Canaries dans l'extrait majeur de la *Critique de la faculté de juger* d'Emmanuel Kant (▶ **Doc. 4**), c'est être capable de donner du sens à la satisfaction sensorielle et de la communiquer aux autres. La critique gastronomique distinguera non du beau dans les plats, ce qui supposerait un jugement universel inadapté au plaisir, mais du particulièrement raffiné. Pour la cuisine, comme art référencé par des garants du bon goût, c'est notamment Grimod de la Reynière, véritable pionnier comme l'était Chantoiseau (▶ **étude 1**), qui invente la critique et le guide gastronomique, avec *L'Almanach des gourmands* et *Le journal des gourmands et des belles*.

- Le développement des restaurants est celui des adresses associées à des chefs, qui quittent l'état de domesticité pour faire profession dans la sphère publique. Si la salle domine encore la cuisine dans son spectacle, Escoffier va révolutionner le rapport à l'art de la cuisine. Il invente le travail par « brigade », installant différents métiers d'une cuisine avec un chef à la tête de chacun. Instrument de productivité et d'efficacité, la brigade donne une dimension collective à l'art culinaire. À l'image de l'orchestre ou du réalisateur de cinéma, le créateur n'est plus seul et la hiérarchie fait de cet art une aventure collective. La brigade raisonne sur le plan des opérations interdépendantes ; « l'entremettier », pour la cuisson des œufs et des légumes, le rôtisseur, le saucier, le pâtissier et le « garde-manger », responsable des plats froids. Cette division du travail en spécialité semble éloigner les chefs du produit fini, à l'image de l'aliénation de l'ouvrier par les logiques capitalistes et industrielles dénoncées par Marx à la même époque. Mais la force de la brigade est dans l'interdépendance des postes. Prenons l'exemple des œufs au plat Meyerbeer, une spécialité d'Escoffier. Un cuisinier peut les préparer en 15 minutes environ, mais si l'entremettier cuit les œufs, le rôtisseur grille les rognons, le saucier prépare la sauce aux truffes, le plat est préparé en quelques minutes de façon rigoureuse par les différents acteurs de l'œuvre. Si Escoffier est également un cuisinier réputé, c'est notamment grâce à ses livres largement diffusés, dont le Guide culinaire de 1902, qui demeure une référence. Il y détaille ses recettes, prouvant qu'il n'est pas qu'un « général de brigade », évoquant avec emphase et poésie ses plats fameux : timbale de langoustine au paprika rose, suprême de perdreau au parfum de truffe, ou la mousse à l'orange, accompagnée de fraises macérées dans le curaçao. Le génie créatif d'Escoffier est en communication avec les différents arts de la table mais aussi avec les autres arts, comme en témoigne sa rencontre avec Nellie Melba. Cette cantatrice, dont Marcel Proust était aussi l'admirateur, chante, en 1893 à Londres, le rôle d'Elsa dans *Lohengrin*, opéra de Richard Wagner. Escoffier est allé l'applaudir au Covent Garden, et décide de l'inviter dans son restaurant au lendemain du spectacle. La pêche Melba qu'il lui sert est ainsi décrite : « pocher les demi-pêches au sirop vanillé léger. Les dresser en timbale sur une couche de glace à la vanille et les napper de purée de framboise. » Sa cuisine s'inspire de la lecture des maîtres, notamment de Carême, mais aussi des recettes paysannes, qu'il s'efforce de métamorphoser : « ils ignorent, écrit-il à propos des bourgeois des boulevards, que ce qu'ils vont manger en se pâmant d'importance est presqu'un plat de paysan. » Enfin, ses inventions personnelles font de lui un créateur à part entière, comme le montre le **document 5**. La « science du braisé », nouvelle technique de cuisson de la viande complète par exemple ses efforts constants pour imposer, avec César Ritz, la cuisine de palace, luxueuse et raffinée.

3 La cuisine contemporaine comme art vivant

- Le XXe siècle consacra le rapprochement entre le monde de l'art et celui de la cuisine, qui fonctionnaient jusqu'alors en miroir, posant chacun la question du goût. Ils s'influençaient, mais demeuraient des univers distincts. Certains plasticiens chercheront à faire table rase du système des Beaux-Arts, avant d'intégrer peu à peu l'aliment comme « matériau comestible ». L'art contemporain peut alors être résumé en deux perspectives qui composent avec la cuisine. D'un côté le culte de la Beauté et la recherche de l'art pur flatté par une certaine idée de la gastronomie, de l'autre la volonté de désacraliser l'art, de Dada à Cloaca de Win Delvoye en 2000, qui représente un tube digestif humain géant et fonctionnel. Cette voie valorise la provocation et la matérialité et va de pair avec un rejet de l'œuvre à la faveur de la démarche. L'ère de la performance célèbre ainsi la dissolution de l'Art dans « l'art et la vie confondus », comme le dira Allan Kaprow, père du Happening. Dans cette dynamique, le manifeste des Futuristes est complété par le mouvement du *Eat Art* dans les années 1960-1970. Avec Daniel Spoerri, ce mouvement préconise de rappeler la dimension concrète du matériau de l'art. Dans son « épicerie-galerie » (1961), influencée par l'esprit des *ready-made* de Marcel Duchamp, il fait apposer sur des boîtes de conserve l'inscription célèbre : « attention œuvre d'art, denrée périssable ! ». Le fait de cuisiner, de manger et de digérer s'inscrit dans un processus de création. Le repas devient performance. En parallèle, la Nouvelle Cuisine questionne la logique des maîtres d'hôtel d'Escoffier. Avec la mise en place par les frères Troisgros du service à l'assiette, le dressage s'effectue en cuisine et l'assiette devient un tableau, une œuvre exclusive d'un chef. L'ostentation n'est plus du côté de la salle, mais dans le dressage. Celui-ci permet de s'émanciper des traditions classiques et de revisiter les plats. L'artiste peut désormais exposer ses œuvres, comme en témoignent par exemple l'exposition *Cookbook* au Palais des Beaux-Arts associant chefs et plasticiens[67] ou l'invitation en 2008 du chef catalan d'*El Bulli* Ferran Adrià à la documenta de Kassel, une des plus importantes manifestations d'art contemporain. Pendant toute la durée de l'évènement, son restaurant est transformé en pavillon. « Le musée, c'est le restaurant. Ce qui compte dans ma cuisine, c'est l'expérience d'atteindre une petite baie perdue et manger trente plats ; c'est cela mon œuvre », déclare le chef étoilé. Du côté du plat comme œuvre au service du Beau ou du côté de l'expérience que la cuisine fait vivre, le rapprochement avec les fonctions de l'art est consommé.

- Si le restaurant est à la cuisine ce que le musée est à l'art – un lieu de conservation et de médiation permanente –, la cuisine comme art vivant correspond aussi à l'évolution des musées, appelés à jouer un rôle de médiation intégrant l'éphémère. Ce sont les expositions temporaires qui rythment la vie des musées, qui misent sur l'expérience et l'évènement. De même, les chefs sont invités à sortir de leurs restaurants pour créer l'évènement. La table devient alors un espace scénique, voire chorégraphique, qui complète l'art du dressage reliant le plat à la peinture. Mentionnons par exemple les remarquables *Dîners insolites* organisés en Provence par Emmanuel Perrodin (▶ **Doc. 6**), les « ExpérimenTables » de Caroline Champion ou l'« Etonnant Festin » d'Éric Roux. L'art culinaire se métamorphose, de la dégustation de l'esthète aux banquets installés dans l'espace public, il fête désormais un certain retour à l'essentiel.

4 Le palais est une école du goût

- Si la gastronomie tire parfois son caractère merveilleux de sa complexité, si les recettes n'ont cessé d'explorer pour le plaisir du palais, la dégustation ne nécessite pas cette complexité pour être satisfaite. L'alimentation par

67. Menée en 2013 par le critique Nicolas Bourriaud et reconduite en 2019 au centre d'art La Panacée à Montpellier, l'exposition fait appel à la collaboration d'une quinzaine de grands cuisiniers internationaux, de Ferran Adria à Gagnère ou Nillson (dessins préparatoires aux plats, créations artistiques) et d'artistes travaillant sur le sujet du processus culinaire.

la dégustation d'une tomate, d'un abricot ou d'un grain de poivre ramène à ce qui se joue fondamentalement dans la dégustation : la satisfaction sensorielle. Si nos cinq sens sont mis en jeu par toutes nos expériences de vie quotidienne, c'est à table qu'ils nous offrent l'impression la plus complète de satisfaction et de bien-être ou, au contraire, de déception voire de déplaisir. La dégustation d'un plat met successivement tous nos sens en action. Sollicités individuellement ou combinés, ils permettent une appréciation générale. L'odorat fournit ainsi la toute première impression. Les parfums du plat nous informent quant à la fraîcheur de ses composants, son mode de cuisson, la nature des épices présentes. La vue est évidemment un élément d'appréciation maître en cuisine, et majeur dans la plupart des Beaux-arts. L'aspect général d'un plat nous renseigne sur sa composition, sa qualité, sa texture, le soin porté à sa préparation comme à sa présentation. La perception tactile par les doigts ou les couverts fournit des renseignements divers sur le contenu de l'assiette : température, niveau de cuisson, consistance et texture (dure, friable, moelleuse, lisse, filandreuse, crémeuse, sèche, humide, etc.) L'ouïe semble relativement délaissée lors de la dégustation, mais occupe une place importante pour le cuisinier, à l'affût des crépitements. Au restaurant pourtant, les perceptions auditives créent un environnement qui participe au plaisir du repas : sons venus des cuisines, grésillement des aliments, entrechocs des assiettes ou plaisir de l'ambiance feutrée et calme d'un service discret. Le goût est évidemment le sens dominant, qui valide les impressions recueillies par les autres sens. Perception poly-sensorielle qui mène à la « flaveur »[68], elle conduit aux saveurs salée, sucrée, acide et amer[69] qui guident la dégustation. Ces saveurs sont immédiatement détectées par les papilles qui tapissent la langue selon des zones localisées et spécialisées, mais la saveur complexe en jeu dans la dégustation combine la diversité des implications sensorielles[70]. Le **document 7** met ainsi en scène un jeu de couleurs et de formes, une association entre des aliments naturels et des produits transformés, une disposition de textures et de saveurs au service d'une dégustation qui convoque tous les sens.

---

68. Terme hérité de l'anglais « *flavour* » (saveur) qui désigne la sensation perçue par l'odorat et le goût.

69. À cette classification, il faut ajouter l'umami depuis 1985.

70. Dès le XVIIe siècle, Spinoza relevait le fait que nous ignorons « ce que peut le corps ». Leibniz distingue après lui dans ses Nouveaux essais sur l'entendement humain les multiples perceptions inconscientes de l'aperception du sujet qui prend conscience de ce qu'il vit. S'il prend l'exemple du bruit de la mer (pour que nous entendions ce bruit, il a bien fallu que nous percevions la multitude des vagues qui le compose. Pourtant, nous sommes incapables de distinguer le bruit de chaque gouttelette ou vague dans cet ensemble), nous pourrions appliquer ce phénomène à la dégustation culinaire.

De cette sensualité fondamentale, retenons plusieurs pistes pour vivre la relation au plat. Le hashtag « pornfood » indique le caractère érotique, charnel et impudique d'une nourriture qui fait envie, qui met l'eau à la bouche, qui fait saliver. Il rappelle que la cuisine ne nous éloigne pas du beau, qu'elle peut solliciter tous nos sens pour les satisfaire. À titre d'exemples notables, pensons à la jardinière de légumes façon Arlequin de Passard ou au restaurant *Ultraviolet* de Pairet à Shanghai, qui plonge les convives dans un univers sollicitant tous les sens, chaque plat étant accompagné d'une musique, d'odeurs diffusées et d'images projetées. D'un autre côté, la pandémie de la Covid-19 a exposé certains à la privation de l'odorat (anosmie) et du goût (agueusie). Cette expérience fut certes triste, mais peut s'avérer intéressante sur le plan esthétique. On pouvait encore déguster, mais il fallait le faire autrement. La cuisine pouvait résider dans le geste, répété par le corps qui, même s'il ne peut plus sentir directement les odeurs, amène par d'autres voies au mariage des saveurs[71]. Par-là la cuisine fait découvrir des gammes d'émotions et de perceptions inédites qui dépassent la sensation initiale, en creusant dans le désert sensoriel. Le cuisinier fait alors ressentir à celui qui déguste une œuvre qui exploite l'ampleur aromatique et gustative des aliments à travers des ressorts inexplorés et souvent inconscients. Enfin, l'éducation du goût peut être complétée par une éducation de la chimie à l'œuvre dans l'alimentation. L'art véritable ne s'oppose pas frontalement à la science. Celle-ci nous fait découvrir que l'homme est capable de distinguer en moyenne près de dix mille saveurs différentes. Les terminaisons nerveuses qui entourent les cellules nous permettent de différencier les goûts fondamentaux, et la connaissance des molécules dites « sapides », qui présentent une saveur, permet d'accroître les explorations. C'est le pari de la cuisine moléculaire. Pour la saveur amère, par exemple, son origine se trouve dans les composés azotés. Nombre d'entre eux sont des poisons et notre cerveau associe l'amertume au danger. Mis à part la quinine et la caféine, le danger est réel la plupart du temps et permet aux sens affûtés par la science de mieux connaître l'environnement, en plus de l'intérêt gustatif des nuances d'amertume. Les processus chimiques identifiés et mieux connus peuvent aussi conduire l'art dans les terrains nouveaux. Prenons par exemple la réaction de Maillard, célèbre pour réussir le poulet rôti. Celle-ci nécessite des protéines et du sucre pour opérer, que l'on retrouve dans les carottes et les pois chiches. Cette connaissance permet des explorations gustatives nouvelles, susceptibles de s'adresser aux multiples facettes gustatives du palais.

71. On pourrait comparer cette expérience à la mémoire corporelle d'Elaine Lebar, une ancienne pianiste de 92 ans atteinte d'Alzheimer popularisée en 2020, dont le corps se souvenait de la « Sonate au Clair de Lune » de Beethoven.

DOCUMENT 1

J'ai longtemps hésité à terminer et à publier, après la guerre, ce livre commencé à la veille de la catastrophe. Certains seront en droit de me reprocher ce qu'ils appelleront des futilités gastronomiques, alors que de si graves préoccupations obsèdent les hommes à peine convalescents, et me flétriront de discuter de la sauce d'un turbot quand les barbares sont plus que jamais aux portes de Rome. Je m'y suis décidé pourtant, et j'ajoute à l'apparente inconvenance d'inviter mes lecteurs à la cuisine, alors qu'ils devraient pérorer au forum, l'audace de plaider « non coupable ». Je pourrais emprunter les éléments de ma défense aux pensées coutumières de Dodin-Bouffant lui-même et à quelques immortels aphorismes de l'ombre auguste dont j'inscris le nom terrestre en tête de ces pages. Si l'on admet avec l'homme dont j'évoque en ces chapitres la sainte existence – et avec moi-même – que la cuisine est l'art du goût, comme la peinture est l'art de la vue et la musique l'art de l'ouïe, n'est-ce pas l'heure et le lieu de glorifier ces créations spontanées de la fantaisie et de la sensibilité humains auxquelles, en fin de compte, nous serrons peut-être obligés, demain, de demander les règles et fondements de la nouvelle morale, si la raison persiste à nous les refuser ? L'argument d'ailleurs sera assurément attaqué. La cuisine est encore la victime de bas et déplorables préjugés. Ses plus nobles génies n'ont point encore conquis leurs droits entre Raphaël et Beethoven et, avant qu'on admît de découvrir un modeste enseignement en ce recueil d'humbles nouvelles, il nous aurait fallu écrire un gros livre pour soutenir, en thèse, contre-thèses et synthèses, que l'art gastronomique, comme tout autre art, comporte une philosophie, une psychologie et une éthique, qu'il est partie intégrante de la pensée universelle, qu'il est lié à la civilisation de notre terre, à la culture de notre goût et, par-là, à l'essence supérieure de l'humanité.

Marcel Rouff, *La vie et la passion de Dodin-Bouffant*, gourmet, 1920.

DOCUMENT 2

Ragueneau, à la petite table, écrivant d'un air inspiré, et comptant sur ses doigts.

Cinquième pâtissier, *apportant une sorte de terrine.* :

Bœuf en daube !

Ragueneau, cessant d'écrire et levant la tête. :

Sur les cuivres, déjà, glisse l'argent de l'aube !

Étouffe en toi le dieu qui chante, Ragueneau !

L'heure du luth viendra, – c'est l'heure du fourneau !

Il se lève. À un cuisinier :

Vous, veuillez m'allonger cette sauce, elle est courte !

Le cuisinier : De combien ?

Ragueneau : De trois pieds. *Il passe.*

Le cuisinier : Hein !

Premier pâtissier : La tarte !

Deuxième pâtissier : La tourte !

Ragueneau, *devant la cheminée* :

Ma Muse, éloigne-toi, pour que tes yeux charmants

N'aillent pas se rougir au feu de ces sarments !

À un pâtissier, lui montrant des pains :

Vous avez mal placé la fente de ces miches :

Au milieu la césure, – entre les hémistiches !

À un autre, lui montrant un pâté inachevé :

À ce palais de croûte, il faut, vous, mettre un toit...

À un jeune apprenti, qui, assis par terre, embroche des volailles :

Et toi, sur cette broche interminable, toi,

Le modeste poulet et la dinde superbe,

Alterne-les, mon fils, comme le vieux Malherbe

Alternait les grands vers avec les plus petits,

Et fais tourner au feu des strophes de rôtis !

Un autre apprenti, *s'avançant avec un plateau recouvert d'une assiette :*

Maître, en pensant à vous, dans le four, j'ai fait cuire

Ceci, qui vous plaira, je l'espère.

Il découvre un plateau, on voit une grande lyre de pâtisserie.

Ragueneau, ébloui : Une lyre !

L'apprenti : En pâte de brioche.

Ragueneau, ému : Avec des fruits confits !

L'apprenti : Et les cordes, voyez, en sucre je les fis.

Ragueneau, *lui donnant de l'argent* : Va boire à ma santé !

Edmond Rostand, *Cyrano de Bergerac,* Acte II, scène 1, 1897.

DOCUMENT 3

En France, le mouvement est lancé dans la seconde moitié du XVIIe siècle, où la cuisine fait l'objet d'une avalanche de livres : traités, almanachs, manuels, dictionnaires sont autant de « discours de la méthode » appliqués à la cuisine. L'enjeu est capital, car de la même façon que l'élévation du statut de l'art était passée par une revendication intellectuelle des artistes, le discours des Lumières va apporter à la cuisine la caution rationnelle qui lui manquait pour s'élever au rang d'objet de la pensée. Pour le cuisinier, l'écrit voyage mieux que le plat. Le livre lui offre ainsi un premier moyen de sortir (symboliquement) de ses cuisines pour entrer sur la scène publique. Et comme l'artiste s'était mis à signer ses œuvres à la Renaissance, le cuisinier va pouvoir apposer son nom sur une œuvre devenue livre. Il entre dans la logique de « création », le voilà Auteur de la recette. Autrefois détenteur d'un patrimoine oral ou limité aux recueils de maison, le voilà devenu théoricien de sa propre pratique. Le talent du cuisinier peut commencer à être reconnu, sa promotion individuelle devient possible, même si elle prendra encore 200 ans pour être effective.

Caroline Champion, « La cuisine est-elle un art ? »
Hors-Série de la revue *L'éléphant*, novembre 2021.

DOCUMENT 4

En ce qui concerne l'agréable, chacun consent à ce que son jugement, qu'il fonde sur un sentiment personnel et privé, et en vertu duquel il dit d'un objet qu'il lui plaît, soit du même coup restreint à sa seule personne. C'est pourquoi, s'il dit : « Le vin des Canaries est agréable », il admettra volontiers qu'un autre le reprenne et lui rappelle qu'il doit plutôt dire : « cela est agréable pour moi » ; et ce, non seulement pour ce qui est du goût de la langue, du palais et du gosier, mais aussi pour ce qui peut être agréable aux yeux ou à l'oreille de chacun. La couleur violette sera douce et aimable pour l'un, morte et sans vie pour l'autre. L'un aimera le son des instruments à vent, l'autre leur préférera celui des instruments à corde. Ce serait folie d'en disputer pour récuser comme inexact le jugement d'autrui qui diffère du nôtre, tout comme s'il s'opposait à lui de façon logique ; en ce qui concerne l'agréable, c'est donc le principe suivant qui est valable : A chacun son goût (pour ce qui est du goût des sens).

Il en va tout autrement du beau. Il serait (bien au contraire) ridicule que quelqu'un qui se pique d'avoir du goût songeât à s'en justifier en disant : cet objet (l'édifice que nous avons devant les yeux, le vêtement que porte tel ou tel, le concert que nous entendons, le poème qui se trouve soumis à notre appréciation) est beau pour moi. Car il n'y a pas lieu de l'appeler beau, si ce dernier ne fait que de lui plaire à lui. Il y a beaucoup de choses qui peuvent avoir de l'attrait et de l'agrément, mais, de cela, personne ne se soucie ; en revanche, s'il affirme que quelque chose est beau, c'est qu'il attend des autres qu'ils éprouvent la même satisfaction ; il ne juge pas pour lui seulement mais pour tout le monde, et il parle alors de la beauté comme si c'était une propriété des choses. C'est pourquoi il dit : cette chose est belle ; et ce, en comptant sur l'adhésion des autres à son jugement exprimant la satisfaction qui est la sienne, non pas parce qu'il aurait maintes fois constaté que leur jugement concordait avec le sien ; mais bien plutôt, il exige d'eux cette adhésion. Il les blâme s'ils jugent autrement, il leur dénie le goût tout en demandant qu'ils en aient ; et ainsi on ne peut pas dire : à chacun son goût. Cela reviendrait à dire qu'il n'y a point de goût, c'est-à-dire qu'il n'y a point de jugement esthétique qui puisse légitimement réclamer l'assentiment universel.

Emmanuel Kant, *Critique de la faculté de juger,* 1790.

DOCUMENT 5

Vous rapportez cette phrase du grand chef, « La cuisine est une science et un art, et l'homme qui met tout son cœur à satisfaire son semblable mérite d'être considéré », Auguste Escoffier a-t-il donné ses lettres de noblesse à la cuisine française contemporaine ?

Il a non seulement donné ses lettres de noblesse à la cuisine française en la faisant connaître et triompher dans le monde entier, notamment en formant des centaines de cuisiniers français dans les meilleures tables de la planète et en s'imposant comme un formidable ambassadeur des produits français ; mais il s'est également employé à faire reconnaître dans sa noblesse et sa grandeur le métier de cuisinier, qui ne jouissait pas jusque-là d'un grand prestige social. [...] Tout change à l'époque d'Escoffier, et en partie grâce à lui. [...] Depuis lors, les grands chefs prétendent au statut d'artiste, revendiquent leur appartenance à une élite. L'historien Pascal Ory dit qu'Escoffier est « le symbole du chef artiste qui fait une cuisine signée ». Et une cuisine qui constitue l'une des plus belles expressions de la « distinction française ».

Auguste Escoffier a introduit de nombreuses innovations dans sa cuisine, était-il un chef moderne ?

Il peut être considéré comme le père de la gastronomie moderne. On lui doit l'invention de la brigade de cuisine, une organisation devenue un standard qui n'a jamais été remis en cause et qui continue à régir les grandes tables du monde entier. Le dressage, l'allègement des sauces, la simplification des menus, l'attention portée à la diététique et aux équilibres alimentaires, la promotion des terroirs et des produits authentiques, sans oublier la starification des chefs ou la conclusion de partenariats avec l'industrie agroalimentaire, comme quand Escoffier a collaboré avec Maggi pour la mise au point du Bouillon Kub : tout cela est en partie son œuvre et son héritage. Bien qu'attaché aux traditions et inscrivant son action dans les pas de ses grands devanciers comme Antonin Carême, Jules Gouffé ou Urbain Dubois, il allait toujours de l'avant. C'était un esprit profondément moderne, en mouvement, révolutionnaire à certains égards. Il avait vraiment foi dans l'avenir. « D'autres viendront demain qui reprendront notre œuvre, qui la remanieront, qui la transformeront pour l'adapter à des besoins nouveaux », écrivait-il dans le *Livre des menus* (1912).

Marguerite Richelme, « Le style Escoffier, un hymne à la liberté et à la créativité permanente » entretien avec David Brunat pour *Le Figaro,* novembre 2019.

DOCUMENT 6

Couverture du livret de présentation de l'édition 2022 des *Dîners insolites*, initiés et produits par Provence Tourisme, et réalisés dans le cadre de MPGastronomie 2022. Le chef Emmanuel Perrodin en est le directeur artistique.

DOCUMENT 7

Couverture du magazine *Arts et Gastronomie*, printemps 2020.

Points méthode

Repérer les idées des documents

Les documents proposent des idées qu'il faut identifier pour répondre aux questions. Pour y parvenir, il convient de partir du thème, car une idée porte toujours sur un sujet. Tous les textes ont en commun un thème, généralement identifié dans la question, relié au thème général de l'année. La dernière question vous propose cependant de rédiger une petite synthèse ouverte, dans laquelle vous devez identifier les thèmes importants.

À partir du thème, pour repérer les idées, il faut distinguer les documents selon leurs natures, car la recherche des idées s'adapte aux statuts des documents. Nous vous proposons les démarches essentielles à adopter selon les types des documents :

Texte			Image
Informatif et explicatif	**Fictionnel**	**Argumentatif**	
1. Observer l'énonciation : émetteur, récepteur, source, date, nature 2. Repérer la construction du texte. 3. Déterminer la visée, le but, l'intention. 4. Dégager l'intérêt des informations et hiérarchisez-les dans leur apport à la question.	1. Identifier le genre littéraire. 2. Lire pour comprendre et résumer le texte. 3. Sélectionner les passages en lien avec le thème de la question. 4. Interpréter ces passages pour reformuler les idées véhiculées par le narrateur, le personnage ou la situation. 5. Comparer ses idées pour vérifier si elles peuvent participer à la confrontation.	1. Identifier l'énonciation. 2. Déterminer la visée (thèse) défendue par l'auteur. 3. Soyez attentif à la mise en page, aux connecteurs logiques pour repérer la démarche générale du texte et les raisonnements. 3. Repérer les arguments et les exemples, sans les confondre. 4. Chercher les arguments ou exemples plus implicites.	1. Identifier la nature exacte des images pour déterminer l'intention générale. 2. Décrire ce que l'on voit et les impressions provoquées par l'image. 3. Affiner cette description en exploitant les procédés (voir fiche outil) propres à l'image, susceptibles de confirmer, de nuancer ou de questionner les premières impressions. 4. Formuler explicitement le message de l'image et l'éclairage/le point de vue qu'elle apporte sur le thème.
Notez que certains documents informatifs se présentent sur forme de schéma ou d'infographie, et non de texte.	Notez qu'il est préférable de chercher d'abord dans les documents directs et explicites les idées proposées, pour mieux comprendre l'apport des textes de fiction.	Notez que ces documents exploitent des formules argumentatives explicites, mais aussi des modalisateurs (voir fiche outil)	Notez qu'une question demande souvent de justifier un lien entre un texte et une image, il vous faut donc considérer qu'elle développe un discours comparable à celui du ou des textes.

Mise en application : les documents 1 et 2 sont de natures différentes : le premier est argumentatif (l'auteur justifie son choix d'écrire sur la cuisine en période de guerre), tandis que la scène de théâtre présente des personnages en interaction, à travers lesquels le dramaturge nous parle de l'art culinaire.

Si les deux accordent une grande importance à la cuisine comme art (ce qui pourrait être l'objet d'une question), les idées défendues ne sont pas les mêmes, et la méthode pour les trouver dépend du genre.

Après avoir disposé son lecteur en concédant une hésitation, l'auteur explique que l'art culinaire a pour enjeu de préfigurer l'éthique, « demander les règles et fondements de la nouvelle morale », qu'elle doit être envisagée comme les sont les autres arts, et qu'elle peut participer à gagner en humanité. De son côté, Edmond Rostand met en scène Ragueneau, un personnage qui montre la double caractéristique du cuisinier artiste : l'exigence formelle dans la confection du repas correspondant à celle des artistes des Beaux-arts, et la contemplation d'une trouvaille jugée poétique, qui satisfait donc la vacation d'œuvre d'art qu'il donne au plat.

Rechercher des ressources culturelles pour l'essai

Votre essai se doit de témoigner d'une compréhension juste du sujet, d'une démarche adaptée pour y répondre, mais aussi d'une culture générale. Les arguments que vous avancez doivent être illustrés par des exemples précis (donnez des références et des détails, développez la façon dont il illustre votre idée).

Pour ce faire :

- Recherchez des idées dans le corpus, en identifiant un lien entre le sujet et un ou deux documents. Attention, évitez de répéter ce que vous avez formulé dans les réponses aux questions, montrez que vous avez lus les documents autrement, comme des moyens de nourrir votre réflexion personnelle.
- Recherchez des idées dans votre culture personnelle, vos lectures de l'année, les études et documents de ce manuel. C'est le moment d'exploiter tout ce que vous avez travaillé, si toutefois les références sont adaptées au sujet.
- Utilisez différentes méthodes pour trouver d'autres exemples et références :
    - Méthode du questionnement journalistique « Quoi ? Où ? Qui ? Comment ? Combien ? Pourquoi ? » pour élargir les facettes de réponse à la question et prolonger les premiers réflexes de réponse.
    - Méthode thématique qui envisage des angles disciplinaires autour de la question.

Mise en application : sur l'enjeu artistique du repas, on peut se demander quelques références abordent cet enjeu selon un angle historique, économique, didactique, etc.

N'oubliez pas : ce travail de restitution des exemples et références suppose une préparation régulière, au moyen de fiches sur différents documents travaillés sur le thème, pour référencer correctement les supports culturels évoqués. Par ailleurs, ne cherchez pas à tout prix à insérer un exemple sans lien avec le sujet et l'argument défendu. Enfin, nous vous conseillons de mener ce travail de restitution de la mémorisation dès le début de l'épreuve au brouillon, après avoir choisi le sujet.

Étude 5

Saveurs et sagesses : enjeux éthiques

Le 17 mai 1973, le réalisateur Marco Ferreri fit scandale lors du festival de Cannes, avec le film *La grande bouffe*. À l'écran, quatre amis se retrouvent dans un hôtel particulier parisien, où sont entreposées des cargaisons de vivres en vue d'un séminaire gastronomique. Au départ d'excellente humeur, ils voient les plats se succéder sur la table, sans temps mort, et la gastronomie se transforme en grande bouffe[72]. À mesure que le rythme s'intensifie, le quatuor se vautre littéralement dans la nourriture jusqu'à la mort. Trois prostituées et une institutrice du voisinage assistent, impuissantes, à l'horrible orgie suicidaire. En plus de bousculer les codes du cinéma, d'exposer une virulente critique de la société de consommation, condamnée à mort par son égoïste goinfrerie, le réalisateur italien ose mêler la gastronomie bourgeoise à l'immoralité, et détourne les représentations traditionnelles de l'art culinaire. Sa provocation vise à faire réfléchir le spectateur. Du célèbre « *Sapere aude !* Ose penser ! » de Kant[73], Valentin Husson propose dans *L'art des vivres* la traduction « Ose savourer ! ». Ce détournement invite à philosopher sur le repas : « ose savourer ton existence, et distinguer en elle ce qui en fait le sel et le mordant ». « Bien manger, c'est le début du bonheur », assène une publicité pour une célèbre marque de camembert. Valentin Husson note cependant que « la cuisine pour le philosophe est dangereuse [puisque] le concept est un mot qui unifie le divers de l'expérience. Or, chaque moment de gastronomie, de partage, de convivialité est unique. »[74] Dès lors, comment appréhender les enjeux moraux du repas ?

72. Mot-clef du thème : bouffer, c'est se gaver, bâfrer, s'empiffrer, se goinfrer ; c'est, selon son étymologie, se faire gonfler (bouffer) les joues tant on emplit sa bouche de nourriture. Au départ associé à la grossièreté, par opposition au raffinement de la gastronomie, le mot a un usage plus neutre, voir convivial, dans l'expression « se faire une bonne bouffe ».

73. Locution latine à l'origine empruntée à Horace (*Épîtres*, I, 2, 40) signifiant littéralement « Ose savoir ! ». Cette injonction est traduite dans un célèbre texte d'Emmanuel Kant par « Aie le courage de te servir de ton propre entendement ! » ou « Ose penser par toi-même » (*Qu'est-ce que les Lumières ?*, 1784).

74. Valentin Husson, *L'art des vivres*, 2023, p. 39.

À l'occasion de l'étude des enjeux anthropologiques du repas, nous avions évoqué le risque de stéréotyper les individus en fonction de leurs assiettes. Pourtant, de façon plus ou moins consciente, nous exprimons notre engagement dans l'existence en faisant nos courses, en cuisinant tel ou tel type de produit, en nous servant ou en déclinant tel ou tel plat. Ce faisant, nous sentons bien qu'aborder ces questions risque de mettre de l'huile sur le feu[75], tant nos habitudes alimentaires parlent profondément de nous, et peuvent parfois mener à des crispations identitaires. Pourquoi les discours moraux sur l'alimentation nous touchent-ils autant ? Aristote montra, de façon plus particulière dans le second livre de l'*Éthique à Nicomaque*, que la vertu et le vice se conçoivent comme des dispositions acquises, c'est-à-dire des habitudes répétées au mal ou au bien. Par-là, c'est peut-être parce que nous ne sommes pas naturellement bons ou mauvais en mangeant, parce qu'au contraire d'une vie instinctive, nos actes de table répétés font entrer en jeu la construction active de notre moralité. De plus, si certains constatent un retour du rigorisme (▶ **Doc. 1**), bon nombre de nos contemporains affirment en avoir soupé[76] des injonctions morales judéo-chrétiennes, que synthétise le célèbre aphorisme de Jean Yanne « il est interdit d'interdire », longtemps attribué aux revendications mai 68. De plus, cette expérience universelle du repas, intimement liée à notre condition humaine depuis l'origine, est saturée de sensualité. Nos rejets ou nos addictions alimentaires sont toujours sensibles. Dans ces conditions, réfléchir sur l'éthique du repas revient à se demander ce que mijotent[77] nos façons de penser, entre défense décomplexée d'arts de vivre et prise de conscience de certains comportements de consommation critiquables ?

Dans le texte de Kant évoqué plus haut, le philosophe nous enjoint à penser par nous-mêmes en initiant son discours par l'anaphore suivante : « si j'ai un livre qui me tient lieu d'entendement, un directeur qui me tient lieu de conscience, un médecin qui décide pour moi de mon régime ». Envisagés non seulement pour perdre du poids ou pour être en bonne santé, nos

---

75. Mot-clef du thème : jeter de l'huile sur le feu signifie aggraver une situation, attiser la désunion, aviver des passions, exciter la violence entre différentes personnes ou entre différents groupes de personnes. L'huile a en effet des propriétés combustibles. L'expression est très ancienne, le *Dictionnaire du moyen français* la relève chez Christine de Pizan (1364-1430) : « Riens n'est plus espouventable en cité ne plus perilleux en communité que homme sedicieux et raporteur, et qui de cellui tient parolle fait ainsi que s'il gectoit huille en un feu tres perilleux pour plus l'atiser. »

76. Mot-clef du thème : si le souper désignait en France le dernier repas du soir, l'usage du verbe dîner le remplace à partir du XIXe siècle. L'expression en avoir soupé signifie quant à elle en avoir assez de quelque chose, renvoyant au souper qui comble la satiété avant de dormir.

77. Mot-clef du thème : cuire un plat avec soin et lentement en maintenant la cuisson à la limite de l'ébullition, à tout petit feu. Dans un sens figuré, le verbe désigne la préparation lente, patiente et cachée d'un projet.

régimes peuvent être entendus dans un sens culinaire : comme organisations vertueuses de nos assiettes. Loin de prétendre fixer la conduite à tenir, cette étude s'efforcera d'aborder quelques questions pour y parvenir.

1 L'éthique culinaire est-elle nécessaire ?

- Manger est, rappelons-le, un besoin physiologique, pour la survie de notre corps. Sans alimentation, nous périssons. Nous partageons ce trait avec tous les autres êtres vivants, ce qui pourrait laisser penser que manger ne relève pas du champ de la morale, qui définit ce qui est bien et mal selon des valeurs humaines. Plutarque, dans *Sur l'usage de la viande* (▶ **Doc. 2**), affirmait ainsi que « les premiers qui osèrent manger la chair des animaux » sont excusables car ils ne pouvaient faire autrement. Nous consommons ce qui est disponible, et pas toujours en fonction d'intentions et de choix, qu'il s'agisse des ressources naturelles, ou de l'accès limité à un certain type de produits conditionnés par le milieu social. Si certains produits sont dits peu vertueux, le vice qu'impliquerait leur consommation ne saurait légitimement être déduit. De plus, durant l'enfance, les enfants s'adaptent souvent aux injonctions parentales. Une fois adultes, nous ne sommes pas tenus de remettre en question toutes nos habitudes. Notons que certaines addictions ou troubles alimentaires altèrent notre liberté. Le contexte économique peut aussi restreindre nos possibilités de choix. L'inflation en France et les coûts auxquels sont soumis les producteurs ont par exemple conduit ces dernières années à une forte augmentation du prix des produits issus de l'agriculture biologique ou locaux. Les consommateurs précaires achètent alors moins ces aliments, dont la production préserve pourtant davantage l'environnement et leur bien-être, que ceux issus de l'agriculture non biologique ou d'élevages intensifs. Il apparait alors difficile de faire porter une responsabilité morale systématique aux consommateurs n'ayant pas les moyens d'acheter de tels produits.

- Cependant, ces arguments permettent, parfois, de se dédouaner. Jusqu'où le consommateur peut-il dire qu'il n'avait pas d'autres choix ? En effet, on peut tout aussi bien estimer que la force morale d'un gourmet réside dans sa capacité de trier ce qui dépend de lui, pour faire usage de ce dont il est réellement responsable. À l'instar de la célèbre phrase de Sartre[78], ne demeurons-nous pas libres de composer des assiettes éthiques lorsque les raisons de se déresponsabiliser se multiplient ? S'il peut apparaître

78. « Jamais nous n'avons été plus libres que sous l'occupation allemande », écrit Jean-Paul Sartre en 1944 (*Les lettres françaises*). Notre liberté se heurte à des contraintes pesantes, qui nous empêchent de réaliser ce que nous voulons. La liberté morale pour Sartre gagne tout son sens dans l'engagement de soi face aux circonstances, fussent-elles saturées de difficultés.

luxueux de s'offrir des produits plus éthiques, les prix sont parfois des prétextes commodes. Dans bien des situations, le consommateur conserve une capacité de choix. Ne serait-ce qu'en résistant aux manipulations publicitaires qui flattent bien souvent nos désirs égoïstes. Ajoutons par ailleurs que sur le plan économique, les produits à bas coût ne sont pas toujours les plus rentables, si l'on considère les effets délétères de certains d'entre eux sur la santé, entre autres. Des études archéologiques récentes ont par ailleurs remis en cause la concession de Plutarque : nos ancêtres avaient souvent d'autres sources alimentaires[79].

- De fait, ce que nous mangeons a un impact sur la nature, les animaux, les végétaux et les humains. Tuer un être sensible pour en consommer la viande, alors qu'il existe des alternatives viables, peut ainsi relever d'un choix moral discutable, comme le montre Plutarque (▶ **Doc. 2**). Certaines formes d'agricultures extensives, comme celle de l'huile de palme, peuvent avoir des répercussions écologiques importantes. C'est ce démontre Laurence Defranoux dans un article pour *Libération* (▶ **Doc. 3**). Enfin, consommer des aliments importés n'est pas sans effet : faire peser une concurrence déloyale sur les producteurs locaux[80], et, bien souvent, s'alimenter au mépris de l'exploitation de certains producteurs précaires. Dans ces conditions, la pauvreté et l'impossibilité de faire autrement peuvent apparaître discutables. C'est pourquoi nos habitudes alimentaires ne peuvent se retrancher indéfiniment derrière l'amoralité de l'activité physiologique quotidienne et l'impossibilité de faire autrement. En achetant consciemment un produit plutôt qu'un autre, nous favorisons un modèle de société plutôt qu'un autre : il s'agit donc bien d'un acte moral. C'est ce à quoi veut par exemple nous sensibiliser la quinzaine du commerce équitable, dont les campagnes d'affichage invitent à faire de nos achats un combat politique en faveur d'une certaine justice pour les producteurs et l'environnement. Il ne s'agit pas tant de se culpabiliser, ou de lister ce qu'il faudrait changer, que de prendre conscience que nous sommes partie prenante de nos menus. Car la morale s'initie avec l'intention et l'expression volontaire.

---

79. Ce que rappelle notamment Liliane Plouvier dans « L'Europe se met à table », p. 10-11.
80. En janvier 2024, un mouvement de manifestation des agriculteurs à l'échelle européenne fut à la une de l'actualité. Soulevés notamment contre les normes imposées par la PAC (politique agricole commune) et le dumping social.

2 Comment moraliser le repas ?

- Pour rendre nos régimes véritablement moraux, les discours moralisateurs peuvent apparaître théoriquement justifiés (soigner sa santé et son bien-être, éviter la souffrance animale ou la destruction du climat, limiter les injustices sociales), mais se doivent de respecter le primat de la volonté. C'est pourquoi Nietzsche posait la question rhétorique suivante dans *Ecce Homo* : « comment faut-il que tu te nourrisses, toi, pour atteindre ton maximum de force, de *virtu*, dans le sens que la Renaissance donne à ce mot vertu, libre de moraline ? » Dans ce sens de la vertu, bien manger est synonyme de bien vivre. Il faut apprendre à se faire du bien pour bien vivre, à se restaurer. Se restaurer soi-même, tel qu'on est, c'est pourquoi ajoute-t-il : « il faut connaître la dimension de son estomac »[81]. Cette formule semble essentielle : chacune des visions morales en matière de cuisine doit être entrevue relativement au sujet pensant, cuisinant, dégustant. Bien entendu, cette relativité de la morale culinaire peut sembler provocante dans des situations limites, telle que celle que vivent les protagonistes de La grande bouffe. Il ne s'agit pas de plaider pour le relativisme : se détruire la santé, faire du mal aux animaux quand on peut l'éviter, détruire la planète et exploiter les autres ne peuvent raisonnablement être mis sur le même plan que les actes vertueux. Mais la « moraline » que condamne le philosophe allemand est celle d'une morale qui ne se soucie pas de l'existence du sujet, qui s'impose à lui de l'extérieur comme une nécessité objective. À l'image d'un régime diététique qui ne serait fixé qu'au moyen de règles théoriques[82], les principes moraux ne s'imposent pas d'eux-mêmes. La vertu vient à l'inverse de la prise de conscience personnelle d'un acte préférable par rapport à un autre. En matière de régime, les meilleures maximes sont ainsi celles que l'on forge par soi-même.

- Quand La Bruyère dresse le portrait de Gnathon (▶ **étude 2**), quand Flaubert décrit l'hyporexie de son Emma, ils décrivent de façon saisissante des types d'individus qui correspondent à leurs observations. L'intérêt de puiser dans ces portraits fictifs réside précisément dans le fait qu'ils ne font pas la leçon à un individu nominatif. Ainsi en est-il de même des fables de La Fontaine et de certains personnages de Molière. Pour La Bruyère cependant, une autre lecture est possible, si l'on envisage le fait qu'il visait des personnes de son temps dont il dressait la satire, à travers des surnoms. Certains moralistes ne prennent pas tant de précautions et

---

81. Friedrich Nietzsche, *Ecce homo*, trad. H. Albert, Paris, Mille et une nuits, p. 43. Cette formule n'est pas sans rappeler l'étymologie grecque du mot gastronomie : *gastronomia*, littéralement « art de régler l'estomac ».

82. À l'inverse, les diététiciens s'efforcent de connaître leurs patients pour adapter leurs prescriptions.

peuvent s'avérer blessants. Le quotidien regorge parfois de ces formules violentes : « tu ne devrais pas reprendre de la sauce », « t'es sûre que tu ne manges rien, anorexique comme tu es ? », « Arrête le sucre ! ». Autant de petites phrases faussement morales, qui maintiennent l'interlocuteur dans un état de sujétion, quand elles ne sont pas ouvertement blessantes. L'anorexie ne se soigne pas par une injonction à manger, les dépendances alimentaires ne se règlent pas d'un seul coup de fourchette. À l'inverse, le discours moral gagne à se placer du côté du consommateur, pour éventuellement l'aider à se comprendre et à s'orienter dans sa diète.

- Si la morale ne peut s'imposer de l'extérieur, force est de constater que les individus eux-mêmes optent parfois pour des régimes qui pensent leurs assiettes à leur place. Si les injonctions morales nous aident parfois à nous repérer, à l'instar de l'intérêt de nombre de slogans (« 5 fruits et légumes par jour », « manger bouger » « mettez la fatigue à l'amande », etc.), elles ne peuvent toutefois s'imposer de façon arbitraire dans la multiplicité de nos désirs et besoins subjectifs. Dès lors, contre les formules génériques, de nombreux consommateurs orientent leur morale culinaire selon des principes extérieurs aux lois du palais. Beaucoup de consommateurs se rassurent ainsi en suivant des tendances (sans lait, sans blé – sans gluten –, sans viande, sans aliment cuit, paléolithique, etc.). Les régimes à la mode fleurissent à une vitesse accélérée depuis quelques années. Cette prolifération a plusieurs origines, dont la recherche d'une solution simple à des pathologies ayant un traitement difficile ou des désirs ambitieux (perdre 10 kg avant l'été, faire une « sèche » en musculation), mais aussi un individualisme qui s'exprime à travers ces choix, renforcé par une perte de transmission des repères alimentaires. Ces modes ne s'inscrivent pas toujours dans une approche diététique rationnelle, quand elles ne présentent pas des dangers pour ceux qui s'y oublient. Les grandes religions contiennent toutes un corpus légal plus ou moins contraignant. Lorsqu'ils s'y soumettent, les croyants délaissent au nom de leur foi leur possibilité de choix. Certaines mouvances se greffent sur les principes généraux, multipliant parfois les précisions jusqu'à concerner des détails infimes, saturant les espaces d'expression du libre-arbitre (Shôjin ryôri, observation scrupuleuse des règles de la « kasherout », prescriptions issues des œuvres d'Hildegarde de Bingen, etc.). Ces régimes particulièrement précis vont parfois jusqu'à dénier le rôle prépondérant du sujet, quand ils ne coupent pas des autres dans leurs excès de précisions. On peut aussi penser aux sportifs de haut niveau qui suivent parfois des régimes très minutieux.

- Faut-il, à l'inverse, se satisfaire de l'instinct, imaginant retrouver dans l'élan primitif que la nature nous dicte la source de la morale culinaire ? Certains plaident pour cette vision, comme les tenants de l'instinctothérapie[83]. Cependant, notre instinct peut aussi nous tromper, notamment en matière diététique. Cette source instinctive procède en outre d'une logique d'opposition à la part culturelle, historique et sociale de la cuisine, que l'on pourrait rattacher à l'« état de nature » plébiscitée par la philosophie classique (Locke, Rousseau). Opposer l'instinct à la société peut conduire à se couper des merveilles de l'histoire de la cuisine, aventure humaine dans laquelle nos assiettes ont tant à puiser.

- Dans *Le sérieux de l'intention,* Jankélévitch nous enjoint à vouloir le bien. Dans cette perspective, le bon régime est celui qui nous rend acteur conscient de cette recherche : « peut-être convient-il d'appeler innocence cette sincérité d'un vouloir qui ne louche pas vers sa propre faiblesse et se croit naïvement tout-puissant. »[84] Face aux tentations de confier son assiette à d'autres ou de la composer sans réfléchir, la morale culinaire nous engage. Mais alors, vers quoi peut mener cette recherche ? Il semble que le marqueur commun des régimes pose la question de la relation au plaisir, comme le rappelle l'aphorisme de Brillat-Savarin : « le plaisir de la table est de tous les âges, de toutes les conditions, de tous les pays et de tous les jours ; il peut s'associer à tous les autres plaisirs, et reste le dernier pour nous consoler de leur perte ». Où se situe donc le bon régime culinaire, entre rationalisation et élan du plaisir ?

---

83. Théorie nutritionnelle controversée décrite en 1964 par Guy-Claude Burger, basée sur un mode d'alimentation de nourriture crue, dénommée crudivorisme. Reprenant la théorie de l'évolution et l'hypothèse d'un instinct nutritionnel, capable d'ajuster l'apport alimentaire via le plaisir sensoriel. Corollairement, la théorie de Burger soutient, entre autres, que l'organisme humain (en particulier les enzymes) n'a pas eu le temps de s'adapter aux molécules produites lors de la cuisson (cuisson, friture, friture, mijotage, pâtisserie, rôtissage, etc.) pour les métaboliser complètement. Plus récemment, dans les années 2010, avec l'apogée d'internet, la mouvance crudivore se popularise avec des figures tout aussi controversées comme Thierry Casasnovas, ou David Wolfe.

84. Jankélévitch, *Traité des vertus, tome 1 : Le sérieux de l'intention*, 1968.

3 Tempérer le plaisir ou nourrir la raison ?

- Le savoir est-il sans saveur, la sagacité peut-elle se passer de la sapidité[85] ? Savourer notre existence autour de la table, s'en délecter avec appétit, croquer la vie à pleines dents[86], autant de synonymes du bonheur que le sens commun associe au *Carpe Diem*, ou à l'adjectif épicurien[87]. Une morale que l'histoire de la culture a largement relayée et dont se réclament beaucoup de nos contemporains. Profiter de la vie et des plaisirs que la table nous offre, en somme. Platon, dans le *Philèbe*, et surtout Épicure feront ainsi du plaisir une dimension essentielle de la vie humaine, « le commencement et la fin de la vie heureuse »[88]. Valentin Husson décrit l'hédoniste de la façon suivante : « le bon vivant va bien, que voulez-vous. Il incarne la mesure, la vitalité saine. [...] il fera couler son café. Tartinera ses tranches de pain grillé. Boira un jus d'orange frais. Il petit déjeune frugalement : l'estomac ne doit pas lui peser. [...] Sa légèreté, c'est celle d'une joie de vivre sans excès. Quand le jouisseur veut être tout, l'ascète ne veut plus rien être. Le bon vivant, lui, veut être lui. Il se veut lui. Il ne veut pas être empêché, contrarié. »[89] Cette sagesse de l'équilibre dans les joies gustatives pourrait être une première option. Ne dit-on pas que les meilleurs régimes sont équilibrés ?

- Pourtant, les plaisirs de la table ont aussi pu apparaître comme suspects dans l'histoire de la pensée. Si la philosophie s'est constituée dans l'Antiquité comme un art de bien vivre, elle n'a pas regardé avec intérêt la cuisine, lui préférant le plus souvent des éléments connexes pour parler du bonheur : l'amitié, les plaisirs de la chair au sens large, l'ivresse des passions. Nous évoquions dans l'étude précédente l'exemple du vin des

---

85. Mot-clef du thème : caractère de ce qui a du goût, de la saveur; contraire d'insipidité.

86. Mot-clef du thème : expression dont les origines remontent au XVe siècle, qui prenait le sens de « bon appétit ». En effet, le verbe croquer va démontrer une certaine facilité, un appel à l'abandon de tout ce qui entoure. Croquer un fruit juteux, encore plein de vie symbolise la vie dont on se nourrit.

87. Mots-clefs du thème : la locution latine *carpe diem* vient d'un vers latin d'un d'Horace signifiant : « Cueille le jour présent sans te soucier du lendemain ». Horace adepte de l'épicurisme – quand les Romains sont majoritairement adeptes du stoïcisme – écrit cette phrase dans un poème « À Leuconoé » en 22 av. J.-C. Celle-ci résume le texte qui la précède, où le poète cherche à persuader la destinataire de profiter du moment présent et d'en tirer toutes les joies possibles, sans s'inquiéter du jour de sa mort. L'adjectif épicurien qui lui est associé renvoie usuellement au fait de profiter des plaisirs, notamment de ceux de la table, mais fait appel dans un sens premier à la doctrine de philosophe Épicure, qui invite à davantage de nuance. Épicure recommandant par exemple de hiérarchiser les plaisirs pour ne retenir que ceux véritablement nécessaires.

88. Épicure, *Lettre à Ménécée* (341-270 av. J.-C.).

89. Valentin Husson, *L'art des vivres*, 2023, p. 209.

Canaries chez Kant, signe d'un lien timide avec la cuisine. Est-ce à dire que le plaisir ne peut être envisagé que dans ses excès à éviter ? C'est, semble-t-il, la vision que défend Aristote, qui consacre deux livres à l'amitié, lesquels suivent un exposé sur l'intempérance dans le plaisir. Or, le fait de manger y est uniquement l'occasion d'exemples pour parler de la vie de débauché. Pour cette conception puritaine, qui envisage la cause première dans l'esprit, le corps et les sens renvoient à la vie de patachon : tremblement, frisson, chair de poule, concupiscence, lascivité, souffrance, envie... installent un motif dont se nourrissent les intellectualistes. Le corps pâtit, nous disent-ils, aveugle à lui-même, et erre sans la purification des passions par la raison. Une partie des conceptions occidentales s'appuient sur la nécessité d'une cause première spirituelle et désincarnée. C'est du moins une lecture possible de la formule « un esprit sain dans un corps sain »[90]. Les consommateurs, comme les sportifs[91], ne doivent pas se laisser aller à la vie de plaisir, obéir à leur corps, mais au contraire l'ordonner par la pensée[92]. De façon plus générale, la vitalité du bon vivant risque d'être insouciante. C'est une lecture possible des démesures du *Gargantua* de Rabelais. Recommandant à son lecteur dans sa préface de tirer la « substantifique moelle » de son récit, c'est-à-dire de mesurer dans les peintures enjouées et savoureuses, aux expressions volontairement excessives, les limites qui permettent de conserver l'usage de ses facultés : « mets double dose, abuse, abuse, abuse, qu'on ne puisse jamais dire 'a bu' »[93]. Il ne s'agit pas de taire le plaisir, mais de savoir en refréner les élans pour mieux équilibrer sa vie.

- Nourrir la raison est une autre façon de chercher le bien en matière d'éthique alimentaire. Elle consiste à mettre de côté l'appétit pour écouter la faim. En se privant, l'ascète fait de la faim le moteur de son désir. Là où le bon vivant se délecte du plaisir non-nécessaire, où le jouisseur vit de ses excès, l'ascète alimente sa pensée, creuse d'autres désirs. Par-là, il ouvre à d'autres facettes de la morale. Chercher le bien ne se réduit pas à chercher des biens à ingérer. Il peut même composer avec le jeûne pour ouvrir l'être humain à d'autres moyens d'épanouissement. Cette recherche de moralité pour nos repas conduit par ailleurs à se soucier de la souffrance qu'impliquent nos vivres.

90. Citation qui tire sa source de la dixième satire de Juvénal (écrites entre 90 et 127 apr. J.-C.), qui met l'accent sur le fait de contrôler son corps pour satisfaire la vie de l'esprit.

91. Pierre de Coubertin la détournera pour promouvoir le corps musclé (*Mens fervida in corpore lacertoso,* dans la *Revue Olympique*, no 67, 2e série, juillet 1911). Elle sert de devise pour nombre d'organismes sportifs et d'équipementiers.

92. C'est aussi une lecture possible de l'analogie de l'attelage ailé du *Phèdre* : la raison y est un cocher, qui guide le char tiré par un cheval tempéré et un cheval impétueux. Le cuisinier ne peut-il que flatter les bas instincts, ou la cuisine peut-elle être un moyen de la discipline des sens ?

93. Rabelais, *Gargantua*, chap. V.

4 La souffrance doit-elle nous couper l'appétit ?

« Je peux vous filet tous mes bons plans », « Envie d'un plan cru près de chez vous ? », « Mes recettes ont déjà fait beaucoup de victimes », sont quelques-uns des slogans proposés en 2014 par une campagne de l'Interbev, l'Association nationale Interprofessionnelle du Bétail et des Viandes. L'expérience prenait même la forme d'un faux site de rencontre, Boeuf-lovers.com, destinés aux amoureux de la viande de bœuf[94], aujourd'hui disparu. Cette campagne jouait avec les représentations du viandard[95], ironisant sur la relation entre le fait de consommer de la viande et des actes moralement condamnables. La convivialité et le plaisir comme raisons suffisantes pour les gourmets ne firent évidemment pas l'unanimité, tant la question est sensible pour les défenseurs de la cause animale. Sur quelques passages du site (▶ **Doc. 4**), les provocations se firent même plus directes : « végétarien repenti, je veux me réconcilier avec mon assiette ». D'un autre côté, les associations de défense du bien-être animal et les antispécistes[96] (comme L214 ou Peta), les marques spécialisées dans le végétal (La Vie, Accro, Heura, Happyvore) ne manquent pas taper du poing sur la table[97], dans de multiples campagnes et actions pour alerter sur l'immoralité de la consommation de viande. *Plutarque*, dans Sur l'usage des viandes, comparait l'abattage des bêtes

94. Aujourd'hui, le lien redirige vers La-viande.fr, à la présentation plus consensuelle. Notons qu'avec un onglet « éthique et environnement », l'organisation communique de façon plus directe pour justifier le caractère responsable de la promotion de la viande.

95. Mot-clef du thème : ce qualificatif courant a de nombreux sens : se rapportant d'abord au chasseur assimilé à un tueur, pour qui seule compte la quantité de viande abattue, il peut aussi qualifier une personne qui vit aux dépens d'autrui. Il désigne enfin, dans le sens le plus usuel, une personne qui consomme beaucoup de viande. Si cet excès est principalement envisagé de façon négative, un emploi détourné du mot traduit le mode de vie assumé d'une consommation systématique de viande.

96. Mot-clef du thème : les philosophes Richard D. Ryder et Peter Singer développent le concept d'antispécisme, en qu'ils opposent au spécisme, courant idéologique qui place l'espèce humaine au-dessus de toutes les autres et accorde une considération morale plus grande à certaines espèces animales (notamment le chat, le chien, le cheval et d'autres animaux de compagnie) qu'à d'autres (les animaux sauvages, les animaux d'élevage, les insectes). Le courant de pensée antispéciste lutte ainsi pour une reconsidération du statut de l'animal : « je soutiens qu'il ne peut y avoir aucune raison – hormis le désir égoïste de préserver les privilèges du groupe exploiteur – de refuser d'étendre le principe fondamental d'égalité de considération des intérêts aux membres des autres espèces. » Peter Singer, *La Libération animale*, 1975.

97. Mot-clef du thème : taper du poing sur la table signifie usuellement exprimer sa colère, ou parler avec franchise d'un problème. Similaire, l'expression « mettre les pieds dans le plat » connote la grossièreté et l'absence de ménagement pour aborder les sujets sensibles.

pour la consommation à un « meurtre ». Il insiste sur la sensibilité des victimes, qui « bêlaient, mugissaient, marchaient et voyaient » juste avant qu'on ne les tue. Il qualifie un tel repas de « monstrueux », cherchant à nous sensibiliser à la réalité qu'implique la consommation de viande. Plusieurs réactions sont possibles face à cette souffrance, et certains gourmets travaillent à construire des alternatives. Alain Passard fut ainsi le premier grand chef à avoir tiré des conséquences importantes de la souffrance animale. Jusqu'à lui, le légume était considéré comme simple accompagnateur de la viande ou du poisson. À l'occasion de la crise de la vache folle, en 2000, ce spécialiste de la rôtisserie luxueuse tombe en dépression. Il n'est pas anodin de noter qu'il retrouva sa vitalité en cherchant à faire du légume un « grand cru ». Il achète alors un potager à Fillé-sur-Sarthe et le confie à Sylvain Picard. De cette collaboration, le végétal à l'écoute de la terre se fait aussi l'écho empathique des animaux : carpaccio de navet, sushis de courgette, betterave en croûte de sel ou en tartare. Brillat-Savarin écrivait « on devient cuisinier, mais on naît rôtisseur ». En tournant la page du tissu animal, Passard a allumé une flamme qui n'est pas prête de s'éteindre. Après lui, nombre de chefs suivent les tendances du végétal, en dépassant la seule sensibilisation à la souffrance, pour proposer des délices plus éthiques.

Il existe bien d'autres souffrances qui peuvent nous interpeler. Laurence Defranoux (▶ **Doc. 3**), nous alerte sur la déforestation et de l'exploitation des travailleurs agricoles, causées par notre consommation d'huile de palme. Le gaspillage alimentaire nous met face à un autre paradoxe éthique : viser le bien, en limitant la surproduction des biens. Or, l'ONG Greenpeace nous montre (▶ **Doc. 5**) que le gaspillage est massif (155 kg par personne chaque année), qu'il détruit l'environnement, et qu'il a un impact économique certain. L'art de vivre ne peut se satisfaire du seul contentement dans le plaisir, le raffinement de la gastronomie doit prendre conscience des impacts de son marché. En son temps, Voltaire (dans le chapitre 19 de *Candide ou l'optimiste*) dénonçait l'esclavage avec ces phrases restées célèbres : « Quand nous travaillons aux sucreries, et que la meule nous attrape le doigt, on nous coupe la main ; quand nous voulons nous enfuir, on nous coupe la jambe : je me suis trouvé dans les deux cas. C'est à ce prix que vous mangez du sucre en Europe. » Nos assiettes doivent enfin penser à ceux qui ont l'estomac dans les talons. La première fin du repas est de couper la faim. Or, la faim n'est pas une pensée comme une autre, elle est celle qui conditionne toutes les autres. Celui qui la subit est entièrement mobilisé et sa vie ne peut être bonne. Jouir de la vie, comme disait Levinas, c'est jouir de sa matérialité. On vit toujours de quelque chose, et quand ce « de » fondamental manque, tout le reste est balbutiant. C'est pourquoi les Restos du cœur de Coluche s'engagent depuis le 21 décembre 1985, à côté de tant d'œuvres humanitaires contre la faim dans le monde. C'est sous une tente, dans un terrain vague du 19e arrondissement de Paris, que l'aventure humaine commença. Quinze jours plus tard, sont mises en place une vingtaine d'antennes régionales qui distribuent 60 000 paniers-repas, preuves de l'importance des besoins. Victor Hugo en son temps dénonçait déjà les affres de la misère. À la tribune de l'Assemblée nationale, dans le livre 3 des *Contemplations*, mais aussi dans les *Misérables* et par bien d'autres moyens. Dans l'extrait du **document 6**, le romancier met l'accent sur l'influence de la faim pour toutes les sphères de l'existence : « la vie devint sévère pour Marius ». La famine n'est pas une difficulté humaine, elle est le problème par excellence. Car, sans la satiété, la vie n'excède pas sa condition biologique.

Partager son pain ne fait pas tout, mais permet de créer les conditions de possibilité pour la vie de plaisirs, et ouvre la voie au bien-être. Le repas mis en commun fait certes appel aux enjeux de socialisation évoqués dans l'**étude 3**, mais permet de vivre des plaisirs matériels qui enchantent l'existence : une orange juteuse, la fraîcheur sucrée d'un melon, l'équilibre entre fraîcheur et acidité d'une tomate, la gorgée d'une boisson qui fait naître un sourire[98]. La joie des sens que permet le repas est une perception particulière. Bien sûr, nous ne sommes pas tous sensibles aux mêmes plaisirs, nous n'aimons pas tous les pêches comme le personnage du roman d'Henri de Régnier (▶ **Doc. 7**), mais les sensations des papilles nous font universellement dire avec lui : « elles le réjouissaient infiniment ». Ce texte met par ailleurs l'accent sur la hiérarchisation des perceptions du gourmet : L'abbé Hubertet aime chacun des fruits de la terre selon leurs goûts et dans leurs diversités, mais il préfère les poires aux pêches, elles-mêmes davantage estimées que les cerises ou des groseilles. Offrir un repas à celui qui a faim l'engage dans cet élan de vie initié par les perceptions sensorielles, et le dispose à l'expression libre de l'attachement. Peut-être est-ce pour cela que Thedore Zeldin, historien et philosophe britannique, définit la gastronomie comme « l'art d'utiliser la nourriture pour créer le bonheur ».

98. En 1997, Philippe Delerm fit publia un recueil resté célèbre au nom évocateur : *La Première Gorgée de bière, et autres plaisirs minuscules.*

DOCUMENT 1

Il va désormais falloir compter avec eux. Eux ? Ce sont les « néo-rigoristes », une nouvelle famille de consommateurs bien décidée à tordre le cou à la vogue post-soixante-huitarde et confortée par de récentes réglementations restreignant les libertés individuelles. Leur slogan pourrait bien être « Il est autorisé d'interdire » ou encore « Haro sur les plaisirs ! ». « Ces citoyens, au niveau d'éducation plutôt élevé et aux opinions bien arrêtées, sont déterminés à combattre ce qu'ils considèrent comme les dangers de la société de consommation moderne », expose Christophe Jouan, directeur général de Future Foundation, observatoire international des tendances sociétales et de consommation, du groupe Experian. [...]

Atteintes à la vie privée

L'étude de cet observatoire, menée à l'échelle européenne, évalue la progression de ce phénomène en Europe : dans chaque pays, deux tiers de la population veulent interdire au moins une chose, cette envie étant plus prononcée en Italie, Irlande et France. [...] Une tendance à mille lieues de l'esprit libertaire de 1968, renforcée par un trop-plein de dix bonnes années d'individualisme à outrance mais aussi par la culture du reproche venue tout droit des États-Unis, dans laquelle il faut toujours des coupables et des boucs émissaires à tous les maux.[...]

Tout réglementer

« Nous sommes passé de l'argument "Je n'aime pas ce que tu fais, mais c'est ton problème" à "Parce que cela me dérange, je suis légitime pour te l'interdire". Et bientôt la sphère publique sera impliquée dans le processus, certains demandant déjà au gouvernement d'aller voir si les individus respectent bien la réglementation chez eux », pronostique Éric Robertet. Plus de la moitié des Européens et près de 70% des Français seraient ainsi favorables à des restrictions de libertés touchant à la sphère privée. Demain, prendre l'avion, regarder trop longtemps la télévision, boire du vin seul chez soi, héberger des animaux domestiques, utiliser son téléphone portable, faire des paris d'argent ou s'exposer au soleil pourrait bien faire l'objet de nouvelles réglementations, ou du moins être stigmatisé comme un comportement déviant. Déjà un tiers des Européens trouvent mauvais pour la santé d'offrir à leur famille du chocolat ou, pire, du foie gras. Il risque d'y avoir quelques déçus aux pieds du sapin à Noël.

Sophie Péters, « Consommation : les interdits des néo-rigoristes »,
***Les Échos*, 2006.**

DOCUMENT 2

Vous me demandez pour quelle raison Pythagore s'abstenait de manger de la chair de bête ; mais moi; je vous demande avec étonnement quel motif ou plutôt quel courage eut celui qui le premier approcha de sa bouche une chair meurtrie, qui toucha de ses lèvres les membres sanglants d'une bête expirante, qui fit servir sur sa table des corps morts et des cadavres, et dévora des membres qui, le moment d'auparavant, bêlaient, mugissaient, marchaient et voyaient ? Comment ses yeux purent-ils soutenir l'aspect d'un meurtre ? Comment put-il voir égorger, écorcher, déchirer un faible animal ? Comment put-il en supporter l'odeur ? Comment ne fut-il pas dégoûté et saisi d'horreur quand il vint à manier l'ordure de ces plaies, à nettoyer le sang noir qui les couvrait ?

Les peaux rampaient encor sur la terre écorchées;

Les chairs dans son foyer mugissaient embrochées ;

Et l'homme dans son sein les entendit gémir.

Ces vers d'Homère ne sont qu'une fiction ; mais quel repas monstrueux que d'assouvir sa faim d'animaux encore mugissants, que de se faire apprêter des bêtes qui respiraient, qui parlaient encore, que de prescrire la manière de les cuire, de les assaisonner et de les servir ! C'est de ceux qui commencèrent ces horribles festins, et non de ceux qui les ont enfin quittés, qu'on a lieu de s'étonner. Encore les premiers qui osèrent manger la chair des animaux pouvaient-ils s'excuser sur la nécessité. Ce ne fût pas pour satisfaire des goûts désordonnés, ni dans l'abondance des commodités de la vie, que, par une sensualité barbare, ils recherchèrent des plaisirs réprouvés par la nature et par l'humanité. S'ils pouvaient renaître aujourd'hui et recouvrer le sentiment et la voix, ils nous diraient :

« Heureux mortels, quelle faveur les dieux vous ont faite, de vous réserver pour un temps où la nature vous prodigue toutes sortes de biens ! que de richesses elle fait éclore pour vous ! quels vignobles à vendanger ! quelles moissons à recueillir ! de quels fruits délicieux les arbres sont chargés ! Vous pouvez jouir de toutes ces richesses sans jamais souiller vos mains. Nous, au contraire, nous avons vécu dans le temps le plus dur et le plus misérable, où le monde, nouvellement formé, ne nous offrait aucune ressource contre la plus affreuse misère. »

Plutarque, *Sur l'usage des viandes*, fin du Ier siècle

DOCUMENT 3

Très rentable, avec un rendement à l'hectare quatre à neuf fois supérieur à celui des huiles de soja, colza ou tournesol, la culture de l'huile de palme a supplanté celle de l'hévéa, qui produit le caoutchouc. Les petits fruits doivent être récoltés tous les quinze jours et pressés dans les heures qui suivent pour fournir une huile de bonne qualité. Introduit par les Britanniques et cible de tant de critiques en Occident, le palmier à huile a été le moteur du développement des zones rurales de la Malaisie. Après l'indépendance, le régime conserve une politique agricole tournée vers l'exportation et dans les années 80, la production d'huile de palme explose. La côte est de l'Etat de Sabah, qui fournit désormais à lui seul un cinquième de l'huile de palme mondiale, est livrée aux trafiquants de bois, puis couverte de palmeraies. «*C'est l'ancien gouvernement qui a détruit la forêt, et les entreprises qui lui sont liées continuent leurs activités illégales, affirme Kasheng en faisant défiler sur son téléphone des photos de camions chargés d'arbres tropicaux issus d'une zone protégée. La cause première de la déforestation a toujours été l'exploitation du bois, un moyen rapide de faire du cash. Parfois, ils plantent ensuite des palmiers, mais pas forcément.* » Elue locale, Jannie Lasimbang pointe les aberrations de la loi : «*Pour avoir un droit de propriété, on doit prouver que le terrain est cultivé sans interruption et en totalité. Pour beaucoup d'indigènes, planter des palmiers à huile permet de ne pas perdre leurs terres.* »

Système mafieux. En 2004, face aux dégâts environnementaux et sous la pression de l'Union européenne, le gouvernement malaisien, des scientifiques, des industriels et des ONG ont lancé la Table ronde pour une huile de palme durable (RSPO) pour instaurer des règles de bonne conduite, rapidement jugées insuffisantes et pas assez contraignantes. La militante environnementale Harjinder Kler a soutenu le processus dès le début : «*En 2007, on a commencé à inspecter les plantations qui demandaient la certification. On a découvert des conditions de travail catastrophiques en termes de santé, de sécurité, d'habitat et d'exploitation des enfants.* »

L'éloignement des palmeraies, isolées dans la jungle à 2000 km de la capitale, et une classe politique corrompue ont favorisé un système mafieux. «*En dix ans, beaucoup de choses ont changé. Les multinationales ont aménagé des bases de vie pour les employés, construit des écoles, éliminé le travail forcé et celui des enfants, témoigne la jeune femme. Mais nous commençons à peine à gratter la surface du scandale des exploitations moyennes. À certains endroits, les ouvriers immigrés, 70 à 80 % de la main-d'œuvre dans les palmeraies, sont logés comme des chiens, expulsés de nuit sans être payés. J'ai vu un enfant de 14 ans répandre du pesticide sans protection. L'objectif de certifier la totalité des palmeraies de Sabah d'ici 2025 est le seul espoir d'améliorer les choses.* »

Laurence Defranoux, « Huile de palme : à Bornéo, des pratiques qui font tache », *Libération*, 2018.

DOCUMENT 4

Captures d'écran du site Boeuf-lovers.com, proposé par l'Interbev, l'Association nationale Interprofessionnelle du Bétail et des Viandes, 2014.

DOCUMENT 5

Qu'est-ce que le gaspillage alimentaire ?

Tel que défini par la loi du 11 février 2020, le gaspillage alimentaire désigne « Toute nourriture destinée à la consommation humaine qui, à un endroit de la chaîne alimentaire est perdue, jetée ou dégradée ».

En France, on estime que 20% de la nourriture est jetée et que le poids annuel du gaspillage alimentaire s'élève à 10 millions de tonnes par an. Cela représente un tas d'aliments équivalant à 1 000 fois le poids de la Tour Eiffel. Rapporté à l'échelle individuelle, cela signifie qu'un·e Français·e gaspille en moyenne 155 kg de nourriture par an, soit deux fois notre poids moyen rien qu'avec des produits alimentaires.

Où a lieu le gaspillage alimentaire ?

Depuis le champ jusqu'à nos assiettes, le gaspillage alimentaire a lieu à tous les stades de la chaîne de production alimentaire. Selon une étude de l'Ademe, le gaspillage est ainsi réparti :

32 % lors de la production agricole ;

21 % lors de la transformation ;

14 % lors de la distribution ;

33 % lors de la consommation, dont 14 % pour la restauration collective et commerciale et 19% pour la consommation à domicile. Contrairement à une idée reçue, le gaspillage alimentaire au moment de la consommation est minoritaire : l'essentiel du gaspillage se fait en amont, lors des étapes de production, transformation et distribution. (...)

Quel est l'impact du gaspillage alimentaire ?

Réduire le gaspillage alimentaire répond à des enjeux environnementaux, économiques et éthiques :

La production et la consommation alimentaires ont un poids conséquent sur l'environnement. Le secteur agricole représente 21 % des émissions de gaz à effet de serre en France. (...) Sans parler des volumes considérables d'eau qui ont été nécessaires pour produire ces aliments... En France, ce sont 10 millions de tonnes de nourriture qui sont gâchées chaque année, représentant 16 milliards d'euros de perte. Individuellement, le gaspillage alimentaire représente 155 kg jetés par personne et par an.

D'un point de vue éthique, le gaspillage est le symbole d'une société qui produit énormément de biens et de nourriture, mais n'arrive pas à les répartir équitablement entre ses membres, au point d'en jeter une partie Selon l'Organisation des Nations unies pour l'alimentation et l'agriculture (FAO), à ce jour 690 millions de personnes dans le monde souffrent de faim.

Des mesures politiques insuffisantes pour limiter le gaspillage alimentaire

Depuis 2015, deux lois ont été mises en place pour limiter le gaspillage alimentaire :

La loi Garot qui s'adresse aux industriels, oblige les grandes surfaces à donner les denrées alimentaires sur le point d'être jetées à des associations, et interdit de détruire les denrées consommables. Cette loi est cependant très critiquée par différents acteurs car, si elle peut paraître de bon sens au premier abord, elle contribue en réalité à la surproduction. En effet, les supermarchés auront tendance à écouler le plus de denrées possible auprès des associations, parfois même des denrées inutilisables, afin de bénéficier de réductions d'impôts.

La loi Egalim, qui impose aux restaurateurs depuis le 1er juillet 2021, l'obligation de fournir des "doggy bags" aux clients souhaitant emporter leurs restes.

Ces lois sont ainsi largement insuffisantes pour combattre le phénomène massif de gaspillage, en particulier au niveau de la production.

Par ailleurs, une étude menée par l'Institut National de Recherche pour l'Agriculture et pour l'environnement met en avant l'importance pour les politiques publiques "antigaspi" de déconstruire les exigences sur l'aspect des fruits et légumes. L'objectif est de limiter le gaspillage alimentaire lors du tri des aliments, à l'étape de production, ainsi qu'au moment des courses où l'on va avoir tendance à préférer une pomme bien verte et reluisante à une autre peut-être moins colorée et moins grosse.

« Le gaspillage alimentaire : quel impact sur l'environnement ? »,
***greenpeace.fr*, 2024.**

DOCUMENT 6

La vie devint sévère pour Marius. Manger ses habits et sa montre, ce n'était rien. Il mangea de cette chose inexprimable qu'on appelle de la vache enragée. Chose horrible, qui contient les jours sans pain, les nuits sans sommeil, les soirs sans chandelle, l'âtre sans feu, les semaines sans travail, l'avenir sans espérance, l'habit percé au coude, le vieux chapeau qui fait rire les jeunes filles, la porte qu'on trouve fermée le soir parce qu'on ne paye pas son loyer, l'insolence du portier et du gargotier, les ricanements des voisins, les humiliations, la dignité refoulée, les besognes quelconques acceptées, les dégoûts, l'amertume, l'accablement. Marius apprit comment on dévore tout cela, et comment ce sont souvent les seules choses qu'on ait à dévorer. À ce moment de l'existence où l'homme a besoin d'orgueil, parce qu'il a besoin d'amour, il se sentit moqué parce qu'il était mal vêtu, et ridicule parce qu'il était pauvre. (...) Il y eut un moment dans la vie de Marius où il balayait son palier, où il achetait un sou de fromage de Brie chez la fruitière, où il attendait que la brune tombât pour s'introduire chez le boulanger, et y acheter un pain qu'il emportait furtivement dans son grenier, comme s'il l'eût volé. Quelquefois on voyait se glisser dans la boucherie du coin, au milieu des cuisinières goguenardes qui le coudoyaient, un jeune homme gauche portant des livres sous son bras, qui avait l'air timide et furieux, qui en entrant ôtait son chapeau de son front où perlait la sueur, faisait un profond salut à la bouchère étonnée, un autre salut au garçon boucher, demandait une côtelette de mouton, la payait six ou sept sous, l'enveloppait de papier, la mettait sous son bras entre deux livres, et s'en allait. C'était Marius. Avec cette côtelette, qu'il faisait cuire lui-même, il vivait trois jours. Le premier jour il mangeait la viande, le second jour il mangeait la graisse, le troisième jour il rongeait l'os.

Victor Hugo, *Les Misérables*, tome 3, 1862.

DOCUMENT 7

Les groseilles et les framboises l'amusaient par leur acidité et leurs parfums ; il estimait les cerises, les plus aigres comme les plus douces, les plus rebondies et les plus molles ; les pommes lui agréaient assez. Quant aux pêches, elles le réjouissaient infiniment, celles dont le jus surabonde et celles dont une moiteur sucrée pénètre le fruit tout entier et se répand dans chacune de ses fibres ; mais les poires lui paraissaient mériter sa préférence.

Il leur trouvait une diversité de goûts singulière. Elles sentent tour à tour la pluie, la feuille morte et la fourmi. Leur chair est granuleuse ou tendre, acide ou succulente ; elles ont une personnalité particulière ; leur saveur est individuelle ; leur maturité est longue, elle commence en été, remplit l'automne de ses surprises délicieuses et dure jusqu'en hiver ; elles sont tachetées et lisses comme des poissons et se faisandent comme des gibiers.

Cette passion immodérée des poires faisait sa victime du pauvre abbé. Dès que la saison favorite approchait, il ne manquait plus de visiter chaque jour les espaliers. Il les savait presque branche par branche ; il surveillait chaque fruit, ressentait leur perte si le vent les détachait avant l'heure ou si les guêpes les entamaient. Parfois, il en ramassait de tombés et les regardait avec regret dans sa grosse main qu'ils remplissaient de leur rondeur inachevée ou maladive.

Henri de Régnier, *La Double Maîtresse*, 1900.

Points méthode

Confronter les documents

Comment confronter les documents ?

Pour bien confronter les documents, il faut d'abord les analyser pour eux-mêmes et bien comprendre les questions posées. L'analyse préparatoire des documents permet d'identifier les particularités des textes. Si on met de côté les questions ouvertes (généralement la 3e), les questions identifient toutes ce à quoi les idées doivent être confrontées.

On procède alors de la façon suivante :

1. En observant le paratexte, on identifie les auteurs, les types de documents, et les dates de parution. Ensuite, il faut identifier les locuteurs et les destinataires (énonciations) pour savoir comment aborder les idées des documents.

2. Une observation plus attentive permet de repérer les idées, arguments, procédés employés par les auteurs. L'occasion de décrypter l'implicite ou de faire parler les images à travers les procédés iconographiques. En définitive, la confrontation s'initie par l'analyse.

3. On cherchera enfin à repérer les points communs et les différences, avec une attention particulière aux idées relatives à la question posée. Retenez bien que sur une question posée, les textes ne sont jamais totalement identiques. On peut puiser dans les premières étapes (contextes, énonciations) pour faire apparaître des divergences, mais la confrontation doit faire apparaître des ponts et des distinctions sur le plan de l'idée contenue dans la question.

4. Enfin, dans la recherche des points communs, cherchez les nuances de sens ou les idées supplémentaires d'un document par rapport à l'autre. Partir de ce qui unit deux documents n'est pas contradictoire avec la mise en évidence de ce qui les distingue.

Mises en application :

Quel rôle les documents 2 et 3 accordent-ils à la responsabilité du consommateur ?

Pour les deux auteurs, la responsabilité du consommateur est prépondérante. Plutarque rend responsable l'homme qui mange de la viande en insistant sur l'absence de nécessité de cette consommation, qui ne lui permet pas de se dédouaner en se retranchant derrière le besoin nutritionnel. De son côté, Laurence Defranoux met l'accent sur les ravages de l'exploitation de l'huile de palme. Ce faisant, elle fait comprendre implicitement que la consommation de produits qui en contiennent contribue à nourrir un système délétère. Les auteurs nous mettent ainsi en garde contre la naïveté de consommations inconséquentes. Plutarque insistait cependant sur l'importance du choix comme condition de la responsabilisation. Les premiers hommes ne se souillaient pas les mains car ils ne pouvaient faire autrement, celui qui tue pour consommer alors qu'il peut l'éviter est, selon lui, véritablement responsable. Laurence Defranoux insiste quant à elle sur le caractère politique de la responsabilité, car nos actes de consommation influencent un mode de production.

Expliquez en quoi le fait de manger fait appel à plusieurs réalités humaines pour les documents 6 et 7 :

Pour les deux documents, manger est une activité qui fait appel à notre humanité. Le personnage des Misérables fait l'expérience de la misère, pour laquelle l'expérience de la faim correspond à d'autres frustrations et humiliations de l'existence, synthétisée dans l'expression « vache enragée ». Celui de La Double Maîtresse parle de ses perceptions sensorielles, en associant les goûts non seulement à des saveurs, mais aussi à des niveaux de bonheur. Victor Hugo décrit la façon dont la famine provoque insidieusement un sentiment de honte chez le personnage. À travers la faim, c'est son rapport aux autres qui s'altère, puis son rapport à lui-même. Les perceptions sensorielles de Régnier amènent le personnage à relier ses dégustations à différents niveaux d'attachements, qui l'engagent dans la pensée. Ainsi, ces documents, de façons bien différentes, permettent d'explorer des liens entre l'alimentation et d'autres enjeux humains qui peuvent lui être associés.

Développer sa pensée dans l'essai

Pour réussir au mieux à déployer sa pensée, le temps passer à bien cerner le sujet et le problème qui se pose (c'est-à-dire les voix du débat) n'est pas gaspillé. En effet, rien de pire qu'un essai rédigé « au petit bonheur la chance ». Cerner le problème revient à exposer les thèses possibles et à s'engager, à prendre clairement position.

Pour déployer votre pensée, vous allez ensuite devoir argumenter, mais surtout hiérarchiser vos arguments. Un essai convaincant s'attache à développer deux ou trois arguments forts, qui constituent le « squelette » de votre copie.

Ensuite, veillez à organiser votre pensée, avec des connecteurs (voir fiche outil) dont vous devez maîtriser les fonctions.

Vous prendrez soin de nourrir votre texte d'exemples et de références, pour appuyer votre propos et répondre à l'attendu essentiel d'un texte fourni en connaissances culturelles.

À ce stade, n'hésitez pas à explorer un document du corpus susceptible d'illustrer votre propos.

Certains exemples se distingueront enfin : vos références culturelles. Votre culture (lectures, films étudiés, images analysées) acquise durant l'année ne doit pas simplement être évoquée mais servir votre propos. Pour ce faire, vous montrerez comment la référence culturelle, dans sa particularité, manifeste des nuances et points de vue qui complètent bien votre argument.

En vous relisant, vous chercherez à vérifier que vous avez accompagnés vos arguments de termes modalisateurs (voir fiche outil) et que la progression du propos amène vers des nuances, témoin de votre volonté de tenir compte de la thèse adverse.

Mise en application avec un paragraphe rédigé

Sujet : Sommes-nous responsables de nos assiettes ?

Certes, on peut considérer que la dimension morale est très présente lors d'un repas, mais notre responsabilité se heurte à des contraintes qui doivent nous déculpabiliser. Il me semble que nos choix sont en effet parfois réduits et l'on ne peut pas toujours se permettre de renoncer à remplir nos assiettes avec des produits problématiques. L'institut Circana montra ainsi que, sous l'effet de l'inflation, la filière bio a nettement reculée en 2023. Il apparait difficile selon moi d'accuser les consommateurs de la baisse des volumes achetés en grande distribution entre janvier et juillet, évalué par l'institut à 13 %. Plutarque, dans *Sur l'usage de la viande* a montré que les hommes n'avaient pas toujours la possibilité de faire autrement que de manger de la viande. Enfin, nos habitudes alimentaires ne sont pas toujours conscientes. Si nos choix ne sont pas anodins, rien ne dit qu'ils sont délibérément mauvais. Face à certaines addictions, nous gagnerions toutefois à examiner ce que nous pourrions envisager pour mieux manger.

Étude 6

Les mots à la bouche : enjeux littéraires et médiatiques

« Mange-t-on dans René ? »[99], ironisait Balzac à propos de l'absence d'appétit du héros de Chateaubriand. Le roman, lit-on en filigrane, ne doit pas craindre d'accorder une place importante aux repas. Peut-être faut-il y voir comme les auteurs du **document 1** une critique plus large d'un motif négligé par la littérature depuis le XVIe siècle[100] ?

Instrument précieux du sens en dépit de son apparente trivialité, le repas ne fut pas toujours un motif littéraire de premier plan. Lorsque c'était le cas, ce fut souvent pour dénoncer des excès. Peut-être parce que le sens dont il est question a pu être considéré comme synonyme de bas instincts, renvoyant à l'opposition entre les nourritures terrestres et les nourritures célestes, entretenue par la philosophie dès l'Antiquité et reprise par une certaine vision du christianisme. « Entrez, il y a des dieux aussi dans la cuisine », s'exclamait le philosophe présocratique Héraclite à des étrangers venus s'entretenir avec lui. Provocateur pour ses contemporains du Ve siècle avant J.-C. – les Grecs accueillaient leurs convives autour d'un feu central (Ἑστία), où ils rendaient un culte à Hestia, divinité du foyer – le philosophe recevait ses invités près du fourneau (ἰπνός), au fond de la maison, dans la cuisine. *Le Banquet* de Platon se fait l'écho de l'opposition entre sensible et intelligible entretenue dans toute son œuvre : la réception dont il est question sert surtout de moyen à discourir sur l'amour et sur le Beau. Le catholicisme, dont la littérature

99. Falthurne, édition Corti, 1950 [1820], p. 34 : « Dans les romans de nos jours, les auteurs s'inquiètent peu de l'estomac de leur héros, […] jamais ils n'ont faim. En cela, ils ne ressemblent guère à l'auteur. C'est à mon avis ce qui discrédite le plus ces ouvrages, […]. Peignez donc l'époque, et à chaque époque on a dîné. »

100. Le siècle de l'Humanisme, novateur pour les arts et les sciences fait la part belle à la cuisine, dans *Guy Savoy cuisine les écrivains* XVIe (2022), le chef étoilé condense des recettes reliées aux grands auteurs. Toutefois, un volume publié en 2023 sur la cuisine des écrivains du XVIIe et l'équivalant avec ceux du XVIIIe prévu pour novembre 2024, permettent de nuancer la thèse des auteurs du document 1.

française jusqu'aux Lumières est largement alimentée, classe la gourmandise dans les péchés capitaux dits concupiscibles, aux côtés de l'avarice et de la luxure. Dans *Le festin de Babette*, la cuisinière française fait découvrir les joies de la gastronomie à deux sœurs luthériennes, au départ sceptiques.

Si, comme les peintres avant eux, les poètes, les dramaturges et les romanciers furent cependant nombreux à exploiter la table, certains y voient encore l'excès de matérialité. Avec « La Comédie Humaine », les dieux prennent aussi place autour de la table, et la gourmandise n'est plus un « vilain défaut », que l'on pense à la pot-bouille de la pension Vauquer, aux plaisirs du cousin Pons, aux dîners de *La Peau de Chagrin* ou aux ruses de Nanon pour réunir les ingrédients nécessaires à la réalisation d'un pâté de lièvre dans *Eugénie Grandet*. De façon plus générale, la cuisine aide les romanciers à caractériser leurs personnages, leur permet de faire progresser l'intrigue et de décrire la société dans laquelle ils vivent. La poésie dévoile des saveurs enfouies, et le théâtre révèle les situations sociales autour de la table. En définitive, nous l'avons abordé en diverses occasions dans les premières études, le repas permet de soulever des questions humaines essentielles. Ajoutons avec celle-ci que la relation entre les mots et les mets gagne à être reconnue dans son autonomie. Comment le discours, *a fortiori* littéraire, agit-il sur nos représentations gustatives ?

Tandis que se développent les restaurants, le XIXe siècle voit aussi proliférer un genre littéraire à leur mesure : le journalisme gastronomique. Investie par des plumes soucieuses de distinguer les meilleures tables, comme on critique les sonates et les peinture à l'huile, l'écriture culinaire renverse la causalité. Ce sont les mets eux-mêmes qui font écrire, pour distinguer le bon goût du médiocre. Leurs mises en scène ajoutent au pouvoir des mots l'influence médiatique. Dans quelle mesure la cuisine doit-elle désormais composer avec l'influence des critiques gastronomiques ?

Évidemment, la publicité elle-même s'ajoute aux enjeux médiatiques. En jouant avec les représentations, en bousculant nos perceptions et en stimulant le désir, les campagnes rivalisent de créativité pour influencer nos goûts et conditionner nos représentations. La publicité est un discours susceptible, comme tous les autres discours, d'orienter nos façons d'appréhender ce que nous consommons.

Tels des frères siamois, les mots et les mets ont la bouche en partage. En explorant au fil des études précédentes ce que manger veut dire, nous avons constaté à quel point la cuisine fait parler. Envisageons pour cette dernière étude la causalité inverse : les mots forgent-ils les mets ? Si Pierre Bourdieu a raison d'écrire que « le discours sur l'œuvre n'est pas un simple accompagnement destiné à en favoriser l'appréhension et l'appréciation, mais un moment de la production de l'œuvre, de son sens et de sa valeur »[101], demandons-nous dans quelle mesure l'écriture peut-elle être impliquée dans les arts de la table.

1 Écrire les saveurs

- Littérature et cuisine ont tout à gagner à se réunir. Plusieurs métaphores peuvent nous mettre l'eau à la bouche[102] : le lecteur « dévore » un livre comme il engloutirait un mets appétissant, il est parfois même pris d'une « boulimie » de lecture. De même, on évoque à partir de Julien Gracq une « littérature à l'estomac », c'est-à-dire soucieuse d'exprimer la véracité du fond passionnel et personnel de l'écrivain, qu'il oppose à une écriture d'auteurs qui font « comme si ». À l'inverse, on commente parfois une « écriture à l'os » (en référence au jambon), pour parler d'un style « dégraissé », économe en fioritures. Flaubert approche quant à lui la relation entre la créativité et le réel en cherchant à « dévorer la réalité »[103], tandis que Huysmans privilégie un « style faisandé », qui cherche à réduire le monde à une « essence ». Il est par ailleurs question de la petite « cuisine » ou de la « tambouille » des jurys, qui connotent le mystère lors des sélections littéraires.

- Les écrivains participent à forger notre perception. Certains se sont particulièrement attelés à cette tâche, usant de leur talent pour nous faire voir autrement les plats. Marcel Proust nous fait ainsi vivre, dans un extrait célèbre de sa *Recherche* (▶ **Doc 2**), ce que provoquent sur lui « ces petits gâteaux courts et dodus appelés Petites Madeleines qui semblaient avoir été moulés dans la valve rainurée d'une coquille de Saint-Jacques ». Proust décrit le tressaillement intérieur provoqué par la madeleine, combinaison de la saveur objective de l'aliment et des souvenirs personnels qu'elle ranime. Souvenirs visuels et mentaux, mais aussi empreintes du corps, car ce sont les papilles qui enclenchent le processus. Déguster ne saurait être réduit à un acte de pure sensation, et fait appel à notre vécu, notre psychologie et l'ensemble de nos relations au monde, dont les écrivains se saisissent. Évoquons aussi le mot de Talleyrand, « Et l'on en parle ! » (repris dans le film *Le souper* à propos du cognac), qui stipulait que le commentaire d'un souper ou d'un mets gourmand faisait partie intégrante du menu. Marguerite Duras bouscule

101. Pierre Bourdieu, « La production de la croyance. Contribution à une économie des biens symboliques », Actes de la recherche en sciences sociales, n° 13, 1977, p. 42.

102. Mot-clef du thème : se dit d'un mets qui stimule l'envie, et désigne dans un sens figuré ce qui initie l'intérêt pour un sujet.

103. Karin Becker, « Discours et métaphores alimentaires dans la littérature française du XVIe au XXIe siècle », *Food & History*, vol. 10, n° 2 (2012), p. 194.

quant à elle nos représentations de la soupe poireaux-pomme de terre dans un texte resté célèbre : « Rien, dans la cuisine française, ne rejoint la simplicité, la nécessité de la soupe aux poireaux »[104], écrit-elle. Son texte joue avec nos représentations gustatives, mais aussi avec les préjugés sur la cuisine : « on croit savoir la faire, elle paraît simple, et trop souvent on la néglige », ajoute-t-elle avant d'en livrer sa recette. Des auteurs nous ont révélé des saveurs, ont joué avec la vision parfois naïve que nous en avions, quand ils ne les ont pas fait naître. De même que la « nature imite l'art » – pour reprendre la célèbre formule d'Oscar Wilde[105] décrivant la façon dont ses contemporains se mettaient à voir le ciel à partir des tableaux – nous goûtons à travers les mots. Ébloui par un saumon à l'oseille des Frères Troisgros à Roanne, l'écrivain Benoît Peeters se passionne pendant plusieurs années pour la cuisine. Dans le **document 3**, extrait du roman graphique *Comme un chef*, il rêve d'une combinatoire culinaire capable de repenser les associations de saveurs et de textures. Cuisiner et goûter sont alors mis sur le même plan que la liberté de l'écrivain qui joue librement avec les sons et les images, comme le montre la comparaison avec le pianocoktail de *L'écume des jours* de Boris Vian. Adaptée à la mentalité du jazz, cette association entre mots et saveurs ne date pas d'hier : elle s'inspire de la description (▶ **Doc 4**) faite par Huysmans dans *À Rebours* (1884) et de « l'orgue des saveurs » de l'abbé Poncelet. Sensibles aux synesthésies, les auteurs invitent les cuisiniers à repousser les limites d'un art déjà polysensoriel.

▸ Si les auteurs questionnent notre naïveté et nos préjugés, s'ils s'attachent parfois à sublimer les mets par les mots, ils ne sont pas dupes d'une vision tronquée à laquelle les épanchements lyriques peuvent conduire. Apparu au milieu du XIXe siècle, le réalisme s'oppose ainsi à l'idéalisation romantique. Sous la plume de Flaubert, Madame Bovary est ainsi prisonnière de son idéalisation de l'amour. Dans l'extrait du **document 5**, le romancier s'attache à ce même souci de réalisme dans la description du banquet. Conviée au château de Vaubyessard, Emma est saisie par la multitude des détails, dont la description minutieuse permet au romancier de transmettre une impression saisissante. Dans son poème, Apollinaire s'attache quant à lui à synthétiser le sens du repas, qu'il aborde dans son caractère quotidien (▶ **Doc 6**). Rappelant ses dimensions sociale et sacrée, le poète nous ouvre à une conception de la table, au-delà de la seule perception sensorielle : « les repas sont beaux sont sacrés / Qui font vivre les hommes ».

---

104. Marguerite Duras, *Outside*, 1981.

105. Oscar Wilde, « Le déclin du mensonge », *Intentions* (1928).

2 La mise en scène du goût dans l'histoire du journalisme gastronomique

- Avec l'apparition du terme de « gastronomie » et la démocratisation des restaurants au début du XIXe siècle, s'ajoute aux genres littéraires classiques le journalisme gastronomique, équivalant de la critique d'art. La cuisine de professionnels n'est plus l'apanage de l'aristocratie et de la grande bourgeoisie, et devient un bien de consommation, doté de sa propre économie. Dès lors, les journalistes culinaires se font intermédiaires entre les amateurs de mets fins et les établissements où ils pourront se sustenter. Mais ils participent aussi à définir ce qu'est le « bien-manger », à différencier entre l'ambroisie et le brouet[106]. Étudiant le journalisme économique, Julien Duval montrait de façon analogue que ce dernier participait à la redéfinition de l'économie : « [Les] médias diffusent, ou entretiennent, une façon particulière de regarder le monde économique qui tend à apparaître comme la plus 'naturelle', parce qu'elle est quotidiennement mise en pratique, et à acquérir une légitimité de fait. »[107] L'enjeu de l'influence des journalistes sur la qualité d'une cuisine ne se limite pas à l'influence du Guide rouge, elle renvoie au pouvoir performatif de la langue, et aux enjeux d'influence du pouvoir médiatique.

- En réunissant son « jury dégustateur », Grimod de La Reynière lança le mouvement de la critique gastronomique. Les membres de son club se réunissaient tous les mardis à son domicile des Champs-Élysées, et les appréciations sur les mets présentés, appelées « légitimations », étaient ensuite publiées dans l'*Almanach des Gourmands* (1803-1812). Se développent des rubriques dédiées dans les journaux, des revues spécialisées et des guides. Fleurissent alors, tout au long du siècle, des revues à la périodicité variable, qui ont à cœur de présenter aux Parisiens les dernières nouveautés culinaires, les nouveaux restaurants mais aussi des nouvelles, des aphorismes, des chansons ou des poèmes consacrés à la bonne chère. Des plus littéraires comme *Le Gastronome*[108] et celles qui misent sur une approche résolument critique comme La Table font de cette presse spécialisée un univers complexe, répondant à la diversité des aspirations du lectorat. Les gastronomes, de plus en plus nombreux,

106. Mots-clefs du thème : l'ambroisie désigne la nourriture des dieux et le brouet désigne un plat composé d'ingrédients simples (comme de la viande de porc, du sang, du sel…) se présentant sous forme semi-liquide et signifie dans un sens figuré un aliment détestable et peu consistant.

107. Julien Duval, *Critique de la raison journalistique. Les transformations de la presse économique*, 2004, p. 161-162.

108. Sous-titré « journal universel du goût, rédigé par une société d'hommes de bouche et d'hommes de lettres ».

se réunissent dans des clubs dont les médias relaient les activités. Le développement du tourisme (relié à celui des transports) justifie la médiatisation pour informer au-delà des ouï-dire locaux. Au début du XXe siècle, Le Club des Cent fait ainsi partie des premières institutions à défendre l'association entre tourisme et gastronomie. Le Guide Michelin (créé en 1901) cartographie les spécialités locales et recommande des restaurants dès 1914, avant de les classer à partir de 1923. Le discours des cuisiniers s'efface peu à peu devant celui de la presse. Comme le montre Denis Saillard dans le **document 7**, les chefs sont encore trop prisonniers de leur approche professionnelle de la cuisine. Les journalistes, eux, adaptent leur discours au plus grand nombre. Relayés par les membres des clubs, ils peuvent par ailleurs appréhender plus facilement la cuisine régionale. Or, le discours régionaliste rassure face à la modernité et au tourisme, qui entretiennent deux peurs dans l'opinion : l'industrialisation et l'internationalisation de la cuisine. Au lendemain de la Première Guerre mondiale, le patrimoine régional apparaît comme une richesse culturelle à protéger.

- Curnonsky fut l'un des principaux journalistes gastronomiques de l'entre-deux-guerres. Élu « Principe des gastronomes » en 1927, grâce à un concours organisé par le magazine *La Bonne Table et le bon gîte*, il rédige des chroniques et s'associe avec Marcel Rouff pour écrire *La France gastronomique*, et bon nombre d'autres livres. Sur le modèle de l'Académie Française, il crée l'Académie des gastronomes en 1927. Exaltant le passé culinaire et les provinces gardiennes du terroir, il illustre bien cette mise en scène du goût associé aux motivations politico-économiques. Il fonde ensuite *Cuisine et Vins de France* pour fédérer le public, encore diffusé de nos jours. Le magazine s'adresse tant aux cuisinières du quotidien (dans les premières décennies, le mot « abonné » n'est écrit qu'au féminin dans les pages de la revue) qu'au gastronome tournés vers les restaurants[109].

109. Sidonie Naulin, *Des mots à la bouche : le journalisme gastronomique en France*, 2017. Dans cet ouvrage particulièrement riche, la sociologue s'est particulièrement intéressée à l'histoire du titre, et montre en quoi celui-ci s'est adapté aux évolutions historiques du siècle, pour s'imposer comme référence auprès d'un large panel d'amateurs de bonne chère.

3 Que peuvent les journalistes gastronomiques face aux influenceurs ?

- Depuis le début du XXIe siècle, la cuisine s'est imposée comme un incontournable des médias français[110]. À la télévision tout d'abord, les programmes consacrés à la cuisine connaissent un succès tel que chaque chaîne veut son émission culinaire. Loin du pionnier « Art et Magie de la cuisine » (premier programme culinaire créé par le chef Raymond Oliver en 1953), ou des mémorables « Cuisine des mousquetaires » de Maïté et « Bon appétit bien sûr ! » de Joël Robuchon, les programmes culinaires de ces dernières années se renouvellent sans cesse. Ils ne sont plus réservés à la ménagère ou dépendants d'une ligne éditoriale relativement constante, mais proposent des angles adaptés à toutes les cibles marketing à mesure qu'ils se multiplient : téléréalité, relations avec le terroir, la nutrition ou le voyage orientent un phénomène massif, dont les déclinaisons multiples ne semblent pas lasser le spectateur. L'industrie agroalimentaire alimente quant à elle des reportages et des enquêtes alarmistes, qui participent à leur tour d'une frontière entre le bon et le mauvais goût. Le même engouement s'empare de la presse et de l'édition, de sorte que se multiplient les ouvrages et les titres spécialisés. Sur internet se développent sites de recettes, comparateurs de restaurants, blog et sites d'informations. Désormais, les influenceurs amateurs de bonne chère et les *foodie*[111] font concurrence au journaliste spécialisé et aux guides traditionnels. Les utilisateurs eux-mêmes forgent les réputations des établissements dans les sections avis de Google ou sur des plateformes comme Tripadvisor ou The Fork.

- À la différence des médias autonomes ou de diffusion, pour reprendre la tripartition proposée par Francis Balle dans *Médias et Société*, internet est un média de communication. Les blogs et les réseaux sont ainsi dédiés à l'interaction. Autrefois destinataires d'information culinaire, les amateurs de cuisine en deviennent acteurs. S'ils ne se considèrent pas comme des journalistes, ils en rejoignent certains des codes. Habitués à l'interaction permanente avec leurs lecteurs, ils génèrent un engagement que les professionnels de l'écriture culinaire ne peuvent ignorer. Misant sur l'authenticité et les valeurs morales de leurs lecteurs, ils proposent

110. Les scores d'audiences ne décroissent pas, et les médias eux-mêmes s'interrogent sur cette omniprésence, comme dans l'émission « Pourquoi les médias parlent-ils autant de bouffe ? », par Sonia Devillers (France Inter, « Le Grand Bain », 17 mai 2014)

111. Mot du thème : néologisme anglo-saxon qui désigne un aficionado de la nourriture et des boissons. Le mot est popularisé en 1981 par les journalistes Paul Levy et Ann Barr dans le titre de leur livre *The Official Foodie Handbook* (1984). Par opposition à l'influenceur classique, pour qui ça n'est pas systématiquement le cas, le *foodie se veut successeur du gourmet*.

bien souvent des recettes conjuguées à un état d'esprit. Celui-ci va plus loin que les mots de la littérature et les leviers de la presse traditionnelle. Dans le **document 8**, la blogueuse et autrice culinaire Émilie Franzo livre ainsi un storytelling qui relie sa passion pour la cuisine à ses choix de vie. Installant des repères communs avec son lecteur (enracinement dans des terroirs différents, vacances en famille, difficultés au collège, passage par le programme Erasmus, etc.), son univers sémantique propose un réseau de références associées à la cuisine, auxquelles le lecteur peut aisément s'identifier. Cette rhétorique est *a minima* gage d'authenticité dans la passion. Certains misent aussi sur une identité communautaire singulière, captant une partie de leur audience dans l'association entre la cuisine et des valeurs qui les distinguent d'une approche trop généraliste. C'est ce qu'illustre par exemple les contenus de Sam, connu sur Instagram et TikTok sous le pseudo @appelle.moi.sam, qui parle sans tabou de sa transidentité, de relations amoureuses et d'autisme. Sa chaîne culinaire exclusivement végétale associe les saveurs de la cuisine à ses engagements.

- Pour y répondre, les journalistes gastronomiques peuvent miser sur une forme d'expertise dans la dégustation. Là où les blogueurs multiplient les publications et les interactions avec leurs audiences, en plus de pratiquer la cuisine pour proposer leurs recettes, le journaliste s'attache à mettre en scène ses connaissances du monde de la cuisine professionnelle, tant en dégustation pure qu'en références culturelles identifiables par leurs lecteurs. Cependant, cette frontière est parfois poreuse et réductrice, les créateurs de contenus formant un ensemble hybride. Une autre forme de réponse des journalistes consiste à désamorcer la réputation tenace de corruption. Les chefs doivent compter avec le journalisme gastronomique, les papiers pouvaient donc parfois être lus comme des placements publicitaires dissimulés, exploitant le statut de journaliste de leur auteur. Il s'agit donc d'associer cette expertise gastronomique à une déontologie particulière, dérivée de la Charte de Munich. Les guides Michelin et Gault et Millau ont ainsi fait le parti de l'anonymat pour installer leur légitimité. C'est aussi ce que fait valoir François Simon, formé chez Henri Gault et Christian Millau, commentant sa ligne lors de la création du *Figaroscope* : « Par rapport à la majorité des critiques qui sont très proches des chefs parfois, donc qui ont des papiers bienveillants, moi je n'ai pas du tout la même approche. Je ne les rencontre pas, je ne me présente pas, je paye mes additions »[112]. Mais le dénominateur commun des journalistes culinaires est probablement de miser sur leur plume. La rhétorique doit répondre aux préoccupations de l'époque, ne peut plus être aussi emphatique (pour ne pas dire ampoulée) et représenter un ornement stylistique autour de l'information, comme ce

112. Cité par Sidonie Naulin dans *Des mots à la bouche : le journalisme gastronomique en France*, 2017, p. 403.

fut parfois le cas dans le journalisme des décennies précédentes. Mais si l'écriture s'adapte, c'est pour mieux se renouveler et se réinventer face aux poncifs, par la cuisine. L'exigence de ce travail de mise en mots s'apparente à un travail de traduction pour mieux qualifier les plats, les adresses, les signatures de chefs.

4 La (dé)formation publicitaire des goûts

- Les annonceurs publicitaires adoptent une démarche d'influence pensée sur le mode de la conquête : en parlant de cibles, de stratégie et d'étude de marché dans un univers concurrentiel. Du développement de produits aux campagnes publicitaires, les entreprises déploient toute une gamme de techniques pour influencer les perceptions et les préférences des consommateurs. Contrairement aux critiques et aux blogueurs ou influenceurs, il s'agit d'une lutte dont l'engagement du consommateur se cherche exclusif face aux concurrents et se monnaie à prix d'or. Les études marketing misent certes sur le levier commun de mise en forme du discours, mais vont de pair avec une compréhension approfondie des déclencheurs psychologiques du public. En segmentant le public en fonction de ses goûts et motivations, ils axent le discours sur un choix stratégique unifiant. Prenons par exemple le cas d'une entreprise de boissons qui lance une nouvelle gamme de boissons énergisantes biologiques. Grâce à des études de marché, ils identifient un segment croissant de consommateurs soucieux de leur santé qui recherchent des alternatives naturelles aux boissons énergisantes traditionnelles. En se concentrant sur ce créneau, l'entreprise peut développer des produits et une approche marketing associée qui s'adressent directement à ce groupe démographique. Dans le **document 8**, l'annonceur Coca-Cola met en scène un repas partagé en famille ou avec des amis autour de sa boisson phare, répondant au désir d'un retour vers les valeurs du fait maison. L'un des moyens les plus efficaces de façonner les goûts des consommateurs consiste à développer des produits innovants. En introduisant des caractéristiques, des saveurs ou des fonctionnalités uniques, les entreprises peuvent se démarquer de leurs concurrents et capter l'imagination des consommateurs. Les consommateurs sont par ailleurs de plus en plus attirés par les marques qui racontent des histoires captivantes qui correspondent à leurs valeurs. Le **document 8** présente ainsi différentes captures d'écran d'un storytelling : une famille se cuit un plat de pâtes dans la bonne humeur, et trinque (pratique traditionnellement associée aux boissons alcoolisées) avec les bouteilles de verre de la marque. L'élaboration d'un récit de marque qui évoque des émotions et installe un univers de signification multiple est outil puissant pour façonner les goûts des consommateurs, comme l'a si bien montré Christian Salmon en 2007 dans *Storytelling, la machine à* *fabriquer des histoires et à formater les esprits*. La publicité joue aussi sur l'influence : lorsque les consommateurs voient des personnalités de confiance approuver un produit ou une marque, cela crée un sentiment de validation tenace, c'est aussi le pari de la campagne du **document 8**, en recourant au mannequin Gigi Hadid. Dans le domaine dynamique des goûts des consommateurs, les stratégies marketing réussies conjuguent notamment recherche, innovation et narration. Lorsque l'approche est multiforme, les entreprises peuvent non seulement comprendre, mais aussi façonner activement les préférences de leur public cible, pour le meilleur et pour le pire, mesurant leur succès à la compétitivité sur le marché.

- L'enjeu médiatique du repas met en évidence une variété d'acteurs qui se distinguent et s'unissent parfois. Les chefs sont interviewés par les journalistes ou les influenceurs, ils participent parfois à des publicités. Misant sur leur plume, les journalistes s'appuient sur l'importance de la littérature, mais composent aussi avec les placements de produits qui participent à la plupart des modèles économiques des titres de presse. Les influenceurs et *foodies* pratiquent aussi le placement de produit et collaborent parfois avec des auteurs, quand ils ne jouent pas sur la frontière entre les deux pratiques.

DOCUMENT 1

Rare depuis Rabelais, et essentiellement représentée par un courant burlesque ou picaresque, la représentation littéraire de l'alimentation recoupe celle du corps, et semble à ce titre frappée du même interdit : le manger et le boire, fonctions naturelles basses, qui viennent satisfaire la mécanique humaine, ne seraient pas plus dignes de la représentation que d'autres fonctions corporelles, tout aussi basses et ignobles, comme la sexualité bien sûr, mais aussi bien toutes les manifestations corporelles, bâillements, ronflements et autres bruits corporels – sans parler de l'excrétion. À ceci près, cependant, que si la sexualité est bannie de la littérature, elle n'en est pas moins l'envers et la réalisation du sentiment amoureux, dont le traitement idéalisé est à l'origine même du romanesque antique, puis de toute la littérature classique et romantique. Et que la littérature pornographique expose et exhibe cet irreprésentable de l'amour qu'est le commerce des corps. Seul le ventre, œsophage, estomac et intestin compris, c'est-à-dire tout le circuit alimentaire, de la réplétion à la déplétion, serait frappé d'interdit littéraire. Et il ne connaîtrait pas, lui, d'illustration scandaleuse : on n'expose pas les plaisirs de la table, comme on peut mettre en scène les plaisirs de la chair. Serait-ce parce qu'ils n'impliquent pas l'altérité ? Parce qu'on jouit seul de ce qu'on mange puis digère ? Serait-ce parce que la faim et le plaisir qu'on prend à la satisfaire n'ont pas la même qualité que celui procuré par la satisfaction du désir sexuel ? La littérature du XIXe siècle peindra volontiers des gastrolâtres, tel le cousin Pons (Balzac, 1847), dont le lecteur comprend que tous les désirs sont concentrés sur la table, que leur économie amoureuse est en quelque sorte déviante. De Rabelais au XIXe siècle, si la nutrition reste au cœur de nombreux réseaux métaphoriques, elle n'en disparaît pas moins de la figuration littéraire.

Bertrand Marquer et Éléonore Reverzy,
extrait de la Préface de « La cuisine de l'œuvre au XIXe siècle »,
Presses universitaires de Strasbourg, 2019.

DOCUMENT 2

Un jour d'hiver, comme je rentrais à la maison, ma mère, voyant que j'avais froid, me proposa de me faire prendre, contre mon habitude, un peu de thé. Je refusai d'abord et, je ne sais pourquoi, me ravisai. Elle envoya chercher un de ces gâteaux courts et dodus appelés Petites Madeleines qui semblent avoir été moulés dans la valve rainurée d'une coquille de Saint-Jacques. Et bientôt, machinalement, accablé par la morne journée et la perspective d'un triste lendemain, je portai à mes lèvres une cuillerée du thé où j'avais laissé s'amollir un morceau de madeleine. Mais à l'instant même où la gorgée mêlée des miettes du gâteau toucha mon palais, je tressaillis, attentif à ce qui se passait d'extraordinaire en moi. Un plaisir délicieux m'avait envahi, isolé, sans la notion de sa cause. (...) Et tout d'un coup le souvenir m'est apparu. Ce goût c'était celui du petit morceau de madeleine que le dimanche matin à Combray (parce que ce jour-là je ne sortais pas avant l'heure de la messe), quand j'allais lui dire bonjour dans sa chambre, ma tante Léonie m'offrait après l'avoir trempé dans son infusion de thé ou de tilleul. La vue de la petite madeleine ne m'avait rien rappelé avant que je n'y eusse goûté (...). Et dès que j'eus reconnu le goût du morceau de madeleine trempé dans le tilleul que me donnait ma tante (quoique je ne susse pas encore et dusse remettre à bien plus tard de découvrir pourquoi ce souvenir me rendait si heureux), aussitôt la vieille maison grise sur la rue, où était sa chambre, vint comme un décor de théâtre s'appliquer au petit pavillon, donnant sur le jardin, qu'on avait construit pour mes parents sur ses derrières (ce pan tronqué que seul j'avais revu jusque-là) ; et avec la maison, la ville, depuis le matin jusqu'au soir et par tous les temps, la Place où on m'envoyait avant déjeuner, les rues où j'allais faire des courses, les chemins qu'on prenait si le temps était beau. Et comme dans ce jeu où les Japonais s'amusent à tremper dans un bol de porcelaine rempli d'eau, de petits morceaux de papier jusque-là indistincts qui, à peine y sont-ils plongés s'étirent, se contournent, se colorent, se différencient, deviennent des fleurs, des maisons, des personnages consistants et reconnaissables, de même maintenant toutes les fleurs de notre jardin et celles du parc de M. Swann, et les nymphéas de la Vivonne, et les bonnes gens du village et leurs petits logis et l'église et tout Combray et ses environs, tout cela qui prend forme et solidité, est sorti, ville et jardins, de ma tasse de thé.

Marcel Proust, *Du côté de chez Swann* (premier volume de *À la recherche du temps perdu*), 1913.

DOCUMENT 3

Benoît Peeters et Aurélia Aurita, ***Comme un chef,*** **2018.**

DOCUMENT 4

Il s'en fut dans la salle à manger où, pratiquée dans l'une des cloisons, une armoire contenait une série de petites tonnes, rangées côte à côte, sur de minuscules chantiers de bois de santal, percées de robinets d'argent au bas du ventre. Il appelait cette réunion de barils à liqueurs, son orgue à bouche. Une tige pouvait rejoindre tous les robinets, les asservir à un mouvement unique, de sorte qu'une fois l'appareil en place, il suffisait de toucher un bouton dissimulé dans la boiserie, pour que toutes les cannelles, tournées en même temps, remplissent de liqueur les imperceptibles gobelets placés au-dessous d'elles.

L'orgue se trouvait alors ouvert. Les tiroirs étiquetés « flûte, cor, voix céleste » étaient tirés, prêts à la manœuvre. Des Esseintes buvait une goutte, ici, là, se jouait des symphonies intérieures, arrivait à se procurer, dans le gosier, des sensations analogues à celles que la musique verse à l'oreille.

Du reste, chaque liqueur correspondait, selon lui, comme goût, au son d'un instrument. Le curaçao sec, par exemple, à la clarinette dont le chant est aigrelet et velouté ; le kummel au hautbois dont le timbre sonore nasille ; la menthe et l'anisette, à la flûte, tout à la fois sucrée et poivrée, piaulante et douce ; tandis que, pour compléter l'orchestre, le kirsch sonne furieusement de la trompette ; le gin et le whisky emportent le palais avec leurs stridents éclats de pistons et de trombones, l'eau-de-vie de marc fulmine avec les assourdissants vacarmes des tubas, pendant que roulent les coups de tonnerre de la cymbale et de la caisse frappés à tour de bras, dans la peau de la bouche, par les rakis de Chio et les mastics !

Il pensait aussi que l'assimilation pouvait s'étendre, que des quatuors d'instruments à cordes pouvaient fonctionner sous la voûte palatine, avec le violon représentant la vieille eau-de-vie, fumeuse et fine, aiguë et frêle ; avec l'alto simulé par le rhum plus robuste, plus ronflant, plus sourd ; avec le vespétro déchirant et prolongé, mélancolique et caressant comme un violoncelle ; avec la contrebasse, corsée, solide et noire comme un pur et vieux bitter. On pouvait même, si l'on voulait former un quintette, adjoindre un cinquième instrument, la harpe, qu'imitait par une vraisemblable analogie, la saveur vibrante, la note argentine, détachée et grêle du cumin sec.

La similitude se prolongeait encore ; des relations de tons existaient dans la musique des liqueurs ; ainsi pour ne citer qu'une note, la bénédictine figure, pour ainsi dire, le ton mineur de ce ton majeur des alcools que les partitions commerciales désignent sous le signe de chartreuse verte.

Huysmans, *À Rebours*, chapitre 4, 1884.

DOCUMENT 5

À sept heures, on servit le dîner. Les hommes, plus nombreux, s'assirent à la première table, dans le vestibule, et les dames à la seconde, dans la salle à manger, avec le marquis et la marquise. Emma se sentit, en entrant, enveloppée par un air chaud, mélange du parfum des fleurs et du beau linge, du fumet des viandes et de l'odeur des truffes. Les bougies des candélabres allongeaient des flammes sur les cloches d'argent ; les cristaux à facettes, couverts d'une buée mate, se renvoyaient des rayons pâles ; des bouquets étaient en ligne sur toute la longueur de la table, et, dans les assiettes à large bordure, les serviettes, arrangées en manière de bonnet d'évêque, tenaient entre le bâillement de leurs deux plis chacune un petit pain de forme ovale. Les pattes rouges des homards dépassaient les plats ; de gros fruits dans des corbeilles à jour s'étageaient sur la mousse ; les cailles avaient leurs plumes, des fumées montaient ; et, en bas de soie, en culotte courte, en cravate blanche, en jabot, grave comme un juge, le maître d'hôtel, passant entre les épaules des convives les plats tout découpés, faisait d'un coup de sa cuiller sauter pour vous le morceau qu'on choisissait. Sur le grand poêle de porcelaine à baguette de cuivre, une statue de femme drapée jusqu'au menton regardait immobile la salle pleine de monde. Mme Bovary remarqua que plusieurs dames n'avaient pas mis leurs gants dans leur verre. Cependant, au haut bout de la table, seul parmi toutes ces femmes, courbé sur son assiette remplie, et la serviette nouée dans le dos comme un enfant, un vieillard mangeait, laissant tomber de sa bouche des gouttes de sauce. Il avait les yeux éraillés et portait une petite queue enroulée d'un ruban noir. C'était le beau-père du marquis, le vieux duc de Laverdière, l'ancien favori du comte d'Artois, dans le temps des parties de chasse au Vaudreuil, chez le marquis de Conflans, et qui avait été disait-on, l'amant de la reine Marie-Antoinette, entre MM. de Coigny et de Lauzun. Il avait mené une vie bruyante de débauches, pleine de duels, de paris, de femmes enlevées, avait dévoré sa fortune et effrayé toute sa famille. Un domestique, derrière sa chaise, lui nommait tout haut, dans l'oreille, les plats qu'il désignait du doigt en bégayant ; et sans cesse les yeux d'Emma revenaient d'eux-mêmes sur ce vieil homme à lèvres pendantes, comme sur quelque chose d'extraordinaire et d'auguste. Il avait vécu à la Cour et couché dans le lit des reines ! On versa du vin de Champagne à la glace. Emma frissonna de toute sa peau en sentant ce froid dans sa bouche. Elle n'avait jamais vu de grenades ni mangé d'ananas. Le sucre en poudre même lui parut plus blanc et plus fin qu'ailleurs.

Gustave Flaubert, *Madame Bovary*, 1857.

DOCUMENT 6

Il n'y a que la mère et les deux fils
Tout est ensoleillé
La table est ronde
Derrière la chaise où s'assied la mère
Il y a la fenêtre
D'où l'on voit la mer
Briller sous le soleil
Les caps aux feuillages sombres des pins et des oliviers
Et plus près les villas aux toits rouges
Aux toits rouges où fument les cheminées
Car c'est l'heure du repas
Tout est ensoleillé
Et sur la nappe glacée
La bonne affairée
Dépose un plat fumant
Le repas n'est pas une action vile
Et tous les hommes devraient avoir du pain
La mère et les deux fils mangent et parlent
Et des chants de gaîté accompagnent le repas
Les bruits joyeux des fourchettes et des assiettes
Et le son clair du cristal des verres
Par la fenêtre ouverte viennent les chants des oiseaux
Dans les citronniers
Et de la cuisine arrive
La chanson vive du beurre sur le feu
Un rayon traverse un verre presque plein de vin mélangé d'eau
Oh ! le beau rubis que font du vin rouge et du soleil
Quand la faim est calmée
Les fruits gais et parfumés

Terminent le repas
Tous se lèvent joyeux et adorent la vie
Sans dégoût de ce qui est matériel
Songeant que les repas sont beaux sont sacrés
Qui font vivre les hommes

Guillaume Apollinaire, « Le repas », *Alcools*, 1913.

DOCUMENT 7

Alors que la littérature gastronomique du XIXe siècle avait mis en valeur la cuisine et les chefs, un antagonisme se développe dans les années 20, entre les publicistes gastronomes, au premier rang desquels Curnonsky, et plusieurs membres influents de la Société des cuisiniers de Paris, Prosper Montagné et Philéas Gilbert notamment. Une bataille entre les deux groupes éclate dans la presse. Les gastronomes l'emportent dans les années 30. Les chefs avaient bien commencé à investir la sphère médiatique dans les décennies précédant la Première Guerre mondiale mais, après 1918, ils appréhendent mal la mode de la cuisine régionaliste tandis que les clubs de gastronomes se multiplient dans toute la France. La parole des chefs reste un discours de professionnels, celui des gastronomes semble, lui, aller dans le sens de celui des consommateurs. Plus fondamentalement encore les chefs restent méfiants par rapport à la littérature gastronomique. Leur défaite médiatique symbolise aussi la fréquente mais peut-être illusoire prééminence accordée à la représentation sur la pratique dans les sociétés modernes.

Denis Saillard, « Chefs contre gastronomes. Histoire défaite médiatique », ***Le Temps des médias*****, n° 24, 2015.**

DOCUMENT 8

Connue pour son blog et son compte Instagram Plus une miette dans l'assiette, Émilie Franzo sait soigner ses recettes gourmandes à partager. L'autrice culinaire raffole des tartes rustiques avec des fruits de saison.

Tout est venu du plaisir de manger. D'aussi loin que je me souvienne, j'ai toujours eu une attraction puissante pour la nourriture, j'ai toujours adoré manger. Mes parents racontent que, lorsque j'étais petite, il ne fallait pas me lâcher d'une semelle dans les mariages et autres fêtes, car je filais à la cuisine pour piquer les petits fours et dévorer la pièce montée. À la maison, ma mère préparait des choses simples à base de produits bruts, et nous passions aussi beaucoup de temps, avec mon frère, chez nos grands-parents. Nos deux grands-mères étaient d'excellentes cuisinières : du côté maternel, c'était des plats traditionnels simples et bons, rosbif-haricots verts ou gigot d'agneau et pommes de terre, je voyais le plaisir qu'elle avait à nous préparer un repas et à nous voir manger. Mes grands-parents paternels tenaient un hôtel-restaurant à Cauterets, dans les Pyrénées, pendant l'hiver, et un camping à Biscarrosse, dans les Landes, durant l'été. Ma grand-mère s'occupait de la cuisine et de l'intendance. Pendant les vacances, nous étions souvent sept ou huit enfants avec eux, nous dormions dans la maison ou dans la caravane, elle préparait des grands plats de partage pour les campeurs et pour nous, des barbecues, des paellas, des tartes, des plats de spaghettis et des gâteaux. Ils ont arrêté cette activité quand j'avais 10 ou 12 ans, mais ma grand-mère a continué à faire à manger pour des régiments. J'ai grandi avec l'idée que le repas est un moment de convivialité crucial et nécessaire.

S'accorder du temps et de la joie

Ceci dit, mon rapport à l'alimentation a eu des hauts et des bas : lorsque j'étais au collège, j'étais en classe de sport et je faisais entre dix et douze heures de natation par semaine. Cela demandait beaucoup d'énergie et je mangeais beaucoup. Puis, au lycée, j'ai arrêté la natation, j'ai continué à manger de la même manière, et j'ai pris beaucoup de poids. J'ai fait appel à une diététicienne, qui m'a aidée à perdre 20 kg, mais j'étais devenue obsessionnelle, je ne m'accordais plus rien.

À 20 ans, je suis partie en Erasmus à La Haye, aux Pays-Bas, et, curieusement, c'est là que j'ai renoué avec le plaisir de manger. Je fréquentais beaucoup de gens différents, des étudiants hollandais, espagnols et américains, pour qui manger n'était qu'une affaire de subsistance. J'ai commencé à cuisiner pour mon entourage, pour leur montrer que la nourriture pouvait être un vrai plaisir. J'ai découvert que cuisiner, c'est aussi un peu une thérapie : on se concentre, on goûte, on est présent et ailleurs à la fois. On s'accorde du temps, et de la joie aussi.

C'est aussi le moment où l'application Instagram est arrivée en France, et je me suis mise à photographier mes plats. Puis j'ai lancé un blog. Je faisais énormément de tartes. J'adore ça : une tarte, ça peut être hyper gourmand, salé ou sucré, au fil des saisons et des régions. Cela va de la tartiflette à la tarte Tatin, de la quiche gastronomique à la tourte rustique. On peut en faire n'importe où, il suffit d'avoir une plaque et un four, et de mettre tout ce qu'on aime dedans.

Camille Labro, « Emilie Franzo, blogueuse et autrice culinaire : J'ai découvert que cuisiner, c'est aussi un peu une thérapie », *M* le magazine du Monde, 2023.

DOCUMENT 9

Accompagnées d'une musique dynamique, les images extraites du spot audiovisuel mettent en scène le mannequin Gigi Hadid et ses amis en train de préparer un repas de pâtes maison dans une ambiance festive, avant de le consommer en l'accompagnant de Coca-Cola.

Coca-Cola, campagne de communication « A Recipe for Magic », 2023.

Partie 2

Vers l'épreuve de l'examen

Principes et modalités de l'épreuve

Certains se demandent peut-être pourquoi imposer une telle épreuve littéraire dans un brevet de technicien. Cette question n'est pas secondaire, car nous travaillons mieux lorsque nous décryptons le sens de ce que nous faisons. Vous aurez peut-être en tête au long de votre parcours de formation une opposition entre les matières dites techniques et professionnelles, et d'autres estimées plus généralistes et n'ayant que peu à voir avec les métiers auxquels préparent votre formation. Néanmoins, parmi les qualités professionnelles attendues, la culture générale, la capacité à bien s'exprimer, les compétences de lecture et de confrontation des points de vue, ainsi que l'aptitude au dialogue sont essentielles, et ce quel que soit le domaine de votre BTS. Or, ces deux exercices permettent de travailler ces différents aspects. Comprendre les différentes visions et argumenter de façon claire et honnête, sera attendu d'un technicien supérieur au quotidien. L'épreuve permet donc de valoriser les candidats maîtrisant ces compétences et d'écarter les autres, pour que le BTS demeure un diplôme de niveau exigeant, afin que celui qui le réussisse dispose d'un sésame crédible pour la vie professionnelle. Encore vous faut-il identifier clairement les attendus tacites et les exigences formelles demandées. C'est ce que ce proposent de développer les paragraphes qui vont suivre et les points méthode proposés après les études.

À ce principe s'ajoute l'acquisition progressive d'une culture générale, dont la restitution est envisagée cette année à travers le thème exploré dans la première partie.

1 Les questions de confrontation

- Tout d'abord, cette épreuve évalue votre capacité à lire et à comprendre des textes de réflexion, des extraits littéraires d'un bon niveau, à décrypter des images. Pour la vie professionnelle, l'enjeu (qui s'ajoute au souhait plus général, dynamisé dès les premières années de votre cursus scolaire, d'une formation humaniste d'adultes soucieux de leurs cultures) est considérable : il s'agit de bien comprendre plusieurs messages de natures variées sur un sujet donné. Lors de vos échanges futurs, cette capacité de lecture interviendra nécessairement dans votre quotidien, et sera omniprésente à mesure que votre métier s'enrichira de missions qui dépassent les automatismes technicistes.

- D'autre part – et c'est là un point particulièrement important pour l'exercice – cette première partie vérifie vos capacités d'analyse et de confrontation : vous allez devoir mémoriser ce qu'exprime un auteur pour, lisant le texte suivant, repérer les idées communes, mettre au clair les distinctions, complétudes, bref *comparer* les documents entre eux. Il s'agira ensuite d'organiser, donc de faire preuve d'esprit de synthèse. La succession de ces activités est décisive. Elle doit être comprise à l'échelle des questions posées. Chacune des questions correspondant à un type de réponse donnée, et à des attendus plus ou moins spécifiques. Là aussi, pour la vie professionnelle, les ponts sont conséquents : apprécier un discours de façon approfondie, en étant en mesure de le distinguer d'autres discours pour articuler le débat à l'œuvre est vecteur de professionnalisme. Bien des situations inviteront à mieux comprendre les points de vue pour mieux répondre aux problématiques de votre futur métier.

2 L'essai

- Cette épreuve vous invite à exprimer votre vision sur une question ouverte. C'est-à-dire de vous engager dans votre expression, en tenant compte du fait que d'autres réponses sont possibles. Savoir trouver le mot et le ton justes pour s'affirmer est l'une des clefs pour bien s'insérer dans une entreprise ou une administration, être en bons termes avec ses collègues, se faire apprécier de ses supérieurs hiérarchiques, convaincre un client ou un partenaire, exposer clairement et le plus objectivement possible un problème et des pistes de solutions personnelles, participer à une réunion (et *a fortiori* la mener). Pour l'examen, il s'agit tout d'abord de bien comprendre le sujet. Pour vous y aider, vous avez le choix en deux sujets. Puis il vous faudra organiser votre pensée de façon libre pour y répondre de façon nuancée, c'est-à-dire ouverte sur le débat que contient chaque question. Vous efforçant d'être clair et de prioriser vos arguments, vous aurez à cœur de faire valoir la culture acquise pendant votre formation.

Pour mieux comprendre les attendus de l'épreuve, nous vous renvoyons aux premiers points méthode, qui suivent l'étude une.

3 Votre travail personnel

- Pour bien réussir l'épreuve de culture générale, en quoi doit consister votre travail personnel ? Il s'agit tout d'abord de vous entraîner à la lecture de textes différents dont la qualité littéraire ou argumentative est reconnue. Cet exercice aura une triple utilité. Tout d'abord, cela vous préparera à décoder des textes pour la partie lecture, compréhension et analyse de votre travail. Par ailleurs, cela vous facilitera la rédaction en renforçant votre français. À force de lire, de vous confronter à des structures de phrases correctes grammaticalement et même esthétiques, vous en viendrez à imiter les auteurs avec profit. Votre vocabulaire s'enrichira, ainsi que votre orthographe (en multipliant la fréquentation des mots, on les retient mieux). Enfin, gageons que vous y trouverez du plaisir !

- C'est pourquoi je vous invite vivement à instaurer un temps de lecture *quotidien*. Si vous êtes pris dans un passage qui vous plaît, vous avez le droit de lire davantage évidemment mais respectez scrupuleusement un temps minimal. Il s'agit d'en faire une hygiène de vie, comparable à celle de se brosser les dents. J'insiste sur ce conseil, car il n'y a vraiment rien de tel pour progresser en français. Lisez avec attention les extraits proposés dans la première partie de cet ouvrage. Lorsqu'un extrait vous marque, dénichez l'œuvre dont il est issu. Vous pouvez aussi parcourir des livres parmi ceux qui sont recommandés par le programme (voir au tout début de ce manuel). N'hésitez pas à vous rendre dans les bibliothèques et les médiathèques ; la France est l'un des pays au monde où leur réseau est le plus dense, profitez-en ! En outre vous y rencontrerez souvent des professionnels passionnés qui vous formuleront des conseils de lecture avisés.

- Vous devez, par ailleurs, bien assimiler la méthodologie de l'épreuve. Comprenez bien comment se structurent les réponses des différentes questions et surtout quel est l'*esprit* de l'exercice. Cette étape ne sert pas que l'épreuve du BTS, comme rappelé dans les premiers paragraphes, mais elle est le facteur décisif de son évaluation.

- Enfin, exercez-vous ! Un athlète du 100 mètres qui se prépare pour les Jeux olympiques gagnera à faire de la musculation, à travailler sa respiration, à soigner son alimentation, à ménager des exercices d'assouplissement, à pratiquer la visualisation. Mais il sera aussi nécessaire qu'il fasse des cent mètres ! Ainsi le candidat à l'épreuve du BTS doit s'entraîner le plus régulièrement possible à répondre à différentes questions à partir d'un corpus. Pour cela, la suite de ce manuel vous propose des entraînements. Ne vous jetez pas sur le corrigé ! Imposez-vous de vous exercer auparavant. Ce sont les allers-retours entre vos tentatives et le corrigé qui vous seront les plus profitables. Si vraiment vous ne vous sentez pas de vous lancer malgré la méthodologie qui suit, vous pouvez lire le premier corrigé et ses commentaires dans la marge, qui permettent une approche plus inductive. C'est-à-dire qui tirent de l'exemple des règles générales. Par la suite, exercez-vous directement avec un autre sujet. Je me permets d'insister, car la pratique est essentielle pour progresser : entraînez-vous.

Du brouillon à la copie : un itinéraire mouvementé

1 Les questions de confrontation

Vous allez recevoir un corpus (ce qui signifie un groupe de documents qui font corps, dont le rassemblement a été pensé en fonction d'une cohérence d'ensemble) composé le plus souvent de deux ou trois textes et d'un document iconographique, ainsi qu'une série de questions associées. Vous devez rédiger des paragraphes, pour répondre aux questions, qui rassemblent des idées des documents en les faisant communiquer entre elles. Aucune question ne portera donc sur un seul document, à l'inverse le dialogue constituera l'un des principes essentiels de l'exercice. Celui-ci, que nous appellerons aussi *confrontation* tout au long de cet itinéraire doit être votre « cheval de bataille ». Par ailleurs, votre travail devra traiter les questions successivement, car chacune permet de vérifier différentes compétences. Ces questions sont évaluées ensemble sur 10 points, avec une répartition relativement égalitaire entre les questions.

1. Première lecture active des documents

Commencez par observer le paratexte (auteurs, dates, contextes historiques, chapeaux introducteurs, etc.) pour éviter les contresens. Pour repérer les idées et les mots décisifs en lisant une première fois les documents pour eux-mêmes.

2. Analyse des questions

Les questions posées correspondent à des attendus précis pour réussir cette première partie. De façon générale, bien comprendre une question consiste autant à identifier les mots-clefs (ce sur quoi porte la question) qu'à repérer (dans la formulation et dans les verbes utilisés) la façon dont la question doit être traitée. Ce qu'on appelle communément la consigne de la question. Les réponses doivent être suffisamment développées et montrer une bonne compréhension des idées présentes dans les textes. Cependant, les attendus ne signifient pas qu'un cadre formel strict pour ces réponses est demandé. Si celles-ci devront être structurées et suffisamment développées, c'est-à-dire s'appuyées sur une analyse préalable des documents étudiés, l'enjeu principal est de servir la confrontation, et non de se focaliser sur un document. Le candidat peut répondre de manière générale ou à partir d'éléments particuliers comme l'étude d'un champ lexical ou le relevé d'un procédé d'analyse, la mention de citations courtes et ciblées ou la reformulation de l'approche particulière de l'auteur peuvent aussi servir le propos. On attend par ailleurs du candidat qu'il comprenne la part d'implicite et les sous-entendus des documents. Pour ces étapes de découvertes, nous vous renvoyons aux points méthode qui suivent les études 2, 3 et 4. Notez bien que les stratégies de contournement qui consistent à piocher des citations de façon un peu hasardeuse dans les textes sont à éviter, pour s'attacher à véritablement comprendre l'auteur. Attention, ces principes sont à conserver pour l'étude des images, qui doivent elles aussi s'appuyer sur des analyses montrant le message relayé par l'image. En vous aidant de la fiche outil correspondante. L'analyse d'image nécessite de la part du candidat une étude fondée non sur des impressions vagues mais sur des procédés de rhétorique de l'image (composition, plans, couleurs et symboliques mobilisées) susceptibles de nourrir une lecture la plus objective possible du document.

Cette analyse des questions vous amène à vous demander ce que le sujet attend de vous dans chacune des questions, sur le fond comme sur la forme. Si rien n'est inscrit dans le marbre, voici un rappel commenté de quelques questions types.

3. Différentes questions possibles et les réponses attendues

Les questions posées peuvent porter sur deux documents ou sur tous les documents. En règle générale, il faut s'attendre à une ou deux questions (généralement les premières) sur deux documents. La formulation peut amener à des questions plutôt orientées et précises (par exemple : « à la lumière des documents 1 et 2, expliquez pourquoi la cuisine peut-être un facteur de distinction sociale », ou encore « quels arguments favorables à l'intelligence artificielle dans les arts de la table pouvez-vous identifier dans les documents 2 et 3 ? », ou à des questions plus larges (par exemple, « quels liens faites-vous entre les documents « ?).

Une question précise sur deux documents fait prioritairement appel à la confrontation des documents sur la précision de la question. Ainsi, pour reprendre l'exemple de la cuisine comme facteur de distinction sociale, on attendra une réponse qui mette en lumière les arguments similaires, les nuances d'un document par rapport à l'autre sur ce thème précis de la distinction dans la cuisine, ou bien encore les apports complémentaires d'un document vis-à-vis de l'autre. On pourra aussi mettre en évidence le fait que les approches pour répondre à la question soient différentes (si un auteur le montre à partir du récit d'un repas qui manifeste la saturation des codes culturels, tandis qu'un autre présente un argument direct de nature sociologique, par exemple). Cependant, cette variété d'approches ne doit pas se substituer à un discours sur le fond, c'est-à-dire les idées des documents sur la question.

Mais cette confrontation peut aussi suggérer un débat entre les auteurs (« que pensent les auteurs des documents 2 et 3 de l'intelligence artificielle dans les arts de la table ? », par exemple). Dans ce cas, la confrontation s'attachera à exposer les différences entre les discours, sans négliger certains points de convergence.

Une question plus large doit prendre la forme d'une petite synthèse, qui aborde quelques points reliant les documents. Cependant, ces points doivent aussi être l'occasion de confrontations, c'est-à-dire de petits exposés sur les façons dont chacun de ces aspects sont présents dans les différents documents. Si les confrontations seront plus succinctes que dans une question qui priorise la confrontation, si correcteur examinera avant tout l'organisation du paragraphe, la confrontation est attendue dans toutes les questions de la première partie.

Une question pourra aborder le rapprochement entre un texte et une image, ou interroger sur le texte dont le discours se rapproche le plus du discours du document iconographique. Pour bien répondre à cette question, il faut ajouter à la confrontation et à la rédaction, une compétence argumentative, qui vise à justifier un choix.

4. La seconde lecture

Après l'analyse des questions, relisez les documents pour souligner les idées importantes par rapport aux questions posées. Vous noterez au brouillon tout ce qui vous permet d'y répondre et commencerez à établir les liens entre les documents. Cette partie est très importante. En lisant le second document, demandez-vous ce qui ressemble ou se distingue du premier. Lorsque les idées sont similaires, précisez les nuances ou les aspects que l'un des documents complète par rapport à l'autre. Ce dialogue sera au cœur de votre paragraphe.

5. La rédaction

Votre réponse sera rédigée dans un paragraphe, qui comportera une introduction (généralement une phrase qui résume de façon large la réponse que vous allez donner, un développement (1 ou 2 paragraphes structurés et initiés par des alinéas), qui présente des arguments pour justifier cette réponse, avec des citations précises (courtes), des procédés et des connecteurs ou mots de liaison qui explicitent la confrontation des idées des documents (voir fiche outil correspondante), une conclusion qui synthétise ce que votre confrontation a montré sans vous répéter. Vous éviterez au maximum de donner votre avis, de paraphraser ou de désigner les documents par « document 1, document 2 ». Sur ce point, vous manifesterez votre attention à la nature précise du document ou au rôle de l'auteur correspondant (essayiste, romancier, photographe, etc.).

2 L'essai

Ce second exercice tire son nom d'un genre littéraire dont il faut rejoindre l'état d'esprit. Celui-ci appartient au genre de l'argumentation et attend de vous une réflexion personnelle, qui apporte une réponse organisée à une question qui trouve des échos dans les documents du corpus, dans œuvres étudiées en classe mais aussi dans votre culture personnelle. Dans un essai vous devez donc développer vos idées personnelles, construire une réflexion cohérente autour d'arguments qui s'insèrent dans le débat et vous appuyer sur des exemples pertinents. Pour ce faire

1. Commencez par lire le sujet : repérez et analysez les mots-clés au brouillon et reformulez-le au besoin : le but est de clarifier la question et d'éviter le hors-sujet. Notez vos premières impressions au brouillon : références, idées spontanées, réponses possibles et arguments pour les soutenir.

À ce stade, votre analyse du sujet doit vous permettre de faire le tri dans vos impressions. Répondez à la question « que me demande-t-on exactement ? » en reformulant avec vos propres mots : « on me demande... » Pour cette analyse du sujet, étudiez les mots-clefs avec des synonymes, antonymes et autres moyens d'approcher au mieux le sens de l'idée à questionner. En utilisant le point méthode de l'étude 2, vous aurez à cœur d'identifier la consigne, c'est-à-dire la forme générale que doit prendre votre réponse. Voici un tableau de rappel sur ce point :

Les types de sujets et les réponses

Type de sujet	Sujet avec une question totale (on peut y répondre par oui ou par non)	Sujet avec une question partielle (on ne peut pas y répondre par oui ou non/ sujet)
Exemples	Manger, c'est-ce un acte éthique ?	Quelles sont les fonctions du repas collectif ?
Structure attendue	Trois possibilités : 1. valider : répondre par la positive », oui je pense que... », en montrant qu'on a compris ce qui amène à penser l'inverse. 2. réfuter : répondre par la négative « non je ne pense pas que... », en montrant qu'on a compris ce qui amène à penser l'inverse. 3. concéder : répondre en nuançant : « certes, je pense que... mais je pense également que... »	une seule possibilité : Donner plusieurs éléments de réponse à la question posée. Ces éléments constitueront le plan

2. Choisissez ensuite la façon dont vous allez répondre : « oui, je pense que... / Non je ne pense pas que.../ certes....mais..... » et trouvez des éléments de réponse à la question : au brouillon toujours, notez vos idées, c'est-à-dire les réponses possibles à la question posée (notamment pour question partielle) et les arguments que vont justifier votre thèse. Pensez à organiser vos idées, de la plus simple à la plus complexe. Assurez-vous que chaque idée répond bien à la question, puis vérifiez que les arguments justifient bien la thèse en posant la question. À ce stade, il est très important de comprendre que si vous avez fait l'effort de travailler et de mémoriser un certain nombre de ressources culturelles, celles-ci doivent appuyer votre réponse. C'est pourquoi les arguments et les idées sont prioritaires. Ne structurez pas votre réponse à partir des supports culturels comme des cartes joker qui remplaceraient la réflexion.

3. Associez à ce stade des exemples tirés de votre culture personnelle, du corpus et surtout du travail effectué tout au long de l'année en cours de culture générale et expression.

4. Vous pouvez désormais rédiger votre essai.

Votre texte comportera : une très courte introduction avec une amorce qui montre que vous comprenez le débat contenu dans la question. Vous reprendrez la question en la reformulant sous forme de phrase déclarative pour annoncer explicitement la thèse que vous avez choisie de justifier ou la démarche que vous comptez suivre. Ne perdez jamais de vue la question posée en restant cohérent à mesure que vous avancez dans votre réponse. Commencez vos paragraphes en priorisant l'idée et l'argument développé, puis reliez-les à des exemples ou références dont vous explicitez aussi l'apport pour la réflexion. Vous prendrez soin de relier vos phrases avec des mots de liaison appropriés et des modalisateurs pour conserver l'esprit subjectif de cet exercice (voir fiches outils).

3 Quelques conseils rédactionnels (valable pour les deux parties)

Pour introduire une idée, inutile de rappeler le numéro du document. Utilisez plutôt le prénom et le nom de l'auteur, ou d'autres moyens de vous y rapporter explicitement, telle que la nature du document : « À ce sujet, Victor Hugo nous montre dans son roman que [...] Boris Cyrulnik, lui, nous explique que... ».

Évitez de répéter les mêmes verbes introducteurs de parole. Les correcteurs sont las des tournures telles que « Edgar Morin dit que... ». Efforcez-vous de trouver des synonymes : « affirme que », « explique », « montre que », précise », « déclare », « regrette que », « se réjouit de », « nous informe »,

« expose », « raconte », « nous avertit », « nous renseigne », « nous révèle », « exprime », « annonce », « nous avise », « nous apprend », « nous indique », « nous manifeste », « nous relate ». Il est évidemment important de maîtriser les nuances entre ces verbes, lesquels sont plus ou moins pertinents pour exprimer le type de discours produit par un auteur. L'utilisation du verbe approprié est le signe d'un début d'analyse. Elle n'évite pas complètement la paraphrase, mais va dans le bon sens, celui de l'explicitation du sens des documents.

Retenez quelques tournures de phrases bien pratiques, qui peuvent vous faciliter les articulations, et lisez des corrigés pour imiter certaines formules heureuses. Pour annoncer l'idée d'un premier auteur : « Ainsi [tel auteur] présente... ». Pour ajouter l'idée d'un deuxième auteur : « [Tel autre auteur], quant à lui, explique que... » Pour débuter une phrase conclusive conclusion : « Nous avons donc vu que... ».

Enfin, gardez-vous un temps pour vous relire. Il est souvent difficile pour le cerveau de faire attention en même temps au fond et à la tournure des phrases, l'orthographe, la grammaire, la ponctuation. Cette matière est aussi un exercice de français, corrigée la plupart du temps par des professeurs de lettres. Les fautes feront baisser votre note, tandis qu'un joli style contribuera à valoriser votre copie. Lors de la relecture, posez-vous presque une question par mot : « avec quel nom cet adjectif doit-il s'accorder ? », « quel est le sujet de ce verbe ? », etc. Respectez bien la ponctuation également.

De façon plus générale, n'oubliez pas que l'exercice sert à valider un grand nombre de compétences importantes. Comme en dissertation ou en commentaire au lycée, les contraintes sont multiples et le meilleur moyen de succès réside dans un découpage des étapes préparatoires à sa composition. Et un entraînement régulier en amont.

Sujets traités et commentés

Sujet 1

Annie Ernaux, *La Femme gelée*, 1981

Il avait faim. Quelle sensation ça fait de s'étaler la serviette sur les genoux et de voir arriver des nourritures qu'on n'a pas décidées, préparées, touillées, surveillées, des nourritures toutes neuves, dont on n'a pas reniflé toutes les étapes de la métamorphose. Je l'ai oublié. Bien sûr le restaurant parfois, rare, il faut prendre une baby-sitter, et c'est de l'extraordinaire, des plats avec parfum de fric et-je-te-sors-ce-soir-ma-jolie. Pas sa fête à lui, biquotidienne, tranquille, pas besoin de remercier, chic du céleri rémoulade, le bifteck saignant, les pommes de terre sautées fondantes dans le caquelon. Quand je me sers des pommes de terre en face de lui, ça fait une demi-heure que je les respire, les pré-mâche presque, toujours à goûter, la quantité de sel, le degré de cuisson, à couper l'appétit, le vrai, celui qui est désir et salive. Mais lui, qu'il mange au moins, qu'il paie mes efforts, intraitable déjà, qu'il nettoie les plats, les restes me font horreur, comme une peine perdue, du gâchis d'énergie, et puis traîner dans le frigo un passé de nourriture qu'il faudra regoûter, resservir, maquiller, j'en ai mal au cœur d'avance. La joie et la curiosité de manger, je n'ai pas voulu qu'elles sombrent tout à fait. Femmes grignoteuses, toujours démasquées, que des frustrées, des infantiles, satisfaction orale en catimini hou les vilaines manières. Moi je crois que les bout de chocolat et de fromage en douce, les lichées de pâtes à même le saladier ont sauvé ma part de faim. Le grignotage, c'était mon tout-prêt à moi, sans assiette ni couvert qui rappelle le rite de la table, une revanche sur l'éternité de mangeaille à prévoir, acheter, préparer. Trois cent soixante-cinq repas multipliés par deux, neuf cents fois la poêle, les casseroles sur le gaz, des milliers d'œufs à casser, de tranches de barbaque à retourner, de packs de lait à vider.

Norman Rockwell, *À l'abri du besoin ou Tableau de Thanksgiving*, huile sur toile, 1942

Simon Borel, Guénaëlle Gault, *La France à table, tensions et mutations autour de notre rapport à l'alimentation*, Fondation Jean Jaurès éditions, septembre 2022.

Phénomène ancien qui s'accélère avec la crise sanitaire, la pratique du fait maison se révèle, elle aussi, significative de cette quête du manger « mieux » et « sain » qui anime une partie de la population. Redécouverte de la cuisine, progression des pratiques, renforcement et acquisition de compétences... Là encore, la crise sanitaire a accéléré les tendances. Aujourd'hui, 75 % des Français interrogés déclarent réaliser de leurs mains au moins 7 plats sur 10 consommés au sein de leur foyer – dont 46 % indiquent consommer quasi intégralement (9 à 10 plats) des plats faits maison. Si cet engagement proclamé dans le fait maison comporte un biais de désirabilité sociale important et renvoie souvent à de la cuisine d'assemblage[113], il témoigne néanmoins d'une pratique culinaire fortement installée, mais aussi durable, avec des marges de progression importantes : 37 % des répondants – plus jeunes et très préoccupés par les questions environnementales et sociétales – pensent que leur consommation de produits faits maison va augmenter au cours des deux années à venir. Le fait maison répond à des motivations multiples : la réalisation d'économies dans ses achats alimentaires, le plaisir de faire soi-même, l'envie de se faire plaisir, de se réunir et partager, mais aussi la volonté de retrouver la maîtrise de/sur son alimentation.

113. La cuisine d'assemblage désigne une préparation culinaire qui ne part pas de produits bruts mais assemble des éléments déjà transformés pour former un plat.

I. Questions de confrontation :

1. Les documents 1 et 3 s'accordent-ils sur le rôle du fait maison ?

2. Quel texte vous semble le plus proche du discours du document 2 ?

3. Quels liens faites-vous entre les documents ?

2. Essai : Selon vous, les repas de familles sont-ils synonymes de plaisir partagé ?

1. Les documents 1 et 3 s'accordent-ils sur le rôle du fait maison ?

Les documents ne s'accordent pas sur le rôle du fait maison. Dans l'extrait du roman *La femme gelée*, Annie Ernaux conçoit les courses et la préparation des repas comme des tâches fastidieuses. Simon Borel, Guénaëlle Gault exposent de leur côté des motivations positives pour le phénomène du fait maison. Le plaisir partagé y a la part belle pour toute la famille, là où la narratrice ne décrit que le plaisir de son mari.	*Une phrase d'introduction pour synthétiser la réponse qui suit.* *Une confrontation qui rapproche les deux discours et montre ce qui les oppose.* *Au moyen de liens logiques explicites (« de leur côté », « là où »). Une phrase synthétique qui permet de nuancer la relation au plaisir.*
Pour la romancière, la cuisine domestique symbolise l'aliénation. Les plaisirs auxquels elle s'adonne sont décrits comme vécus en dehors de la table, dans le grignotage solitaire. Si, pour les auteurs de l'article, le plaisir de cuisiner à la maison est important, ils notent toutefois bien d'autres raisons : écologiques, économiques, volonté de faire par soi-même.	*Un second paragraphe permet de mettre en évidence d'autres aspects de la question dans les textes, qui creusent le désaccord de départ.*

2. Quel texte vous semble le plus proche du discours du document 2 ?

Le tableau *A l'abri du besoin* montre une mère de famille en tablier, apportant à table une dinde rôtie à l'occasion de Thanksgiving, fête de remerciement pour les grâces de l'année écoulée. Le tableau montre une famille rassemblant plusieurs générations, et présente un état d'esprit typique de la	*Description du tableau pour interpréter des éléments de son discours.*
représentation idéaliste que Rockwell fait des valeurs familiales et de leur hiérarchie (père en arrière-fond, mère qui sert le repas, autres membres autour de la table). Cette codification pourrait rapprocher du discours	*Rapprochements possibles avec les textes : un repas codifié*
d'Annie Ernaux. Cependant, peinte en pleine guerre mondiale, *À l'Abri du besoin* montre une surabondance de mets et peut être vu comme le symbole de l'unité familiale face à la guerre. La joie qui semble unanime sur les visages représente d'une des quatre libertés évoquées par Roosevelt au	*Lien logique pour introduire la justification du choix*
début des années 1940. Si le discours semble anachronique, nous pouvons le rapprocher des motifs du fait maison décrits dans le document 3 dans un contexte pandémique. Plaisir partagé	*Argumentation fondée sur le rapprochement à travers deux motifs : le plaisir partagé et le fait maison comme moyen de se protéger ensemble du monde extérieur.*
qui permet de s'isoler des malheurs du monde. C'est pourquoi le texte issu de *La France à table, tensions et mutations autour de notre rapport à l'alimentation* semble plus proche du tableau.	*Phrase de conclusion qui résume le choix justifié.*

3. Quels liens faites-vous entre les documents ?

Ces trois documents s'inscrivent dans des contextes très différents et se distinguent aussi par leurs natures. Pourtant, ils peuvent être rapprochés sur plusieurs points.	*Une phrase d'introduction au fait que plusieurs liens peuvent être justifiés, malgré des disparités fortes.*
Ils abordent tous la question du rapport entre l'alimentation familiale et le plaisir. Annie Ernaux montre que ce plaisir n'est pas synchronisé, alors que le tableau présente au contraire une vision idéale de l'harmonie familiale autour de la table. Pour les auteurs de l'article, ce plaisir est possible malgré les difficultés.	*Trois liens possibles qui se superposent ou au moins se succèdent pour montrer une organisation d'un propos selon plusieurs facettes.*
Ces documents abordent ensuite la manière dont le fait maison peut participer au plaisir. Cet argument est explicitement mentionné comme un motif important dans l'article, et la dinde comme point de convergence des regards satisfaits conforte cette idée. Pour la romancière au contraire, il s'agit de montrer que le plaisir de l'un implique la corvée fastidieuse de l'autre.	
Enfin, le plaisir du fait maison rappelle que la table ne va pas de soi et suppose des activités antérieures. Le tableau et sa surabondance de mets suggère les préparations en amont du repas, tandis que l'article parle d'une redécouverte d'une activité souvent oubliée. Sa dimension fastidieuse, voire chronophage fait même parfois préférer d'autres plaisirs, comme chez Annie Ernaux.	*L'occasion de petites confrontations, moins poussées que dans la première question, mais présentes tout au long de la première partie.*

Essai : Selon vous, les repas de familles sont-ils synonymes de plaisir partagé ?

Au-delà de leur dimension universelle, les repas de famille nous invitent à nous retrouver autour des plaisirs gustatifs qu'ils offrent. Ils sont souvent perçus comme des moments privilégiés de partage et de communion. Cependant, il serait illusoire de nier qu'ils ne puissent aussi être le théâtre de disputes et de rappels parfois pesants des normes familiales. Dans quelle mesure, alors, ces tablées, parfois chahutées, peuvent-elles réellement représenter la joie de se réunir ? Personnellement, je suis convaincu que la joie familiale ne se décrète pas, mais qu'elle se cultive. Pour que le plaisir partagé soit au rendez-vous, il faut certaines conditions.	*Introduction commence par montrer les thèses qui s'affrontent, et justifie le besoin d'argumenter.* *Reformulation de la question* *Introduction de la démarche défendue, avec des marques de la subjectivité.*
Il est vrai que beaucoup de repas de famille sont des moments de convivialité appréciés. Les Français, en particulier, sont particulièrement attachés à ces instants privilégiés, consacrant environ deux heures par jour à manger. Comme le souligne l'article « La France à table, tensions et mutations autour de notre rapport à l'alimentation » de Simon Borel et Guénaëlle Gault, de la préparation du repas jusqu'au temps passé à savourer les mets cuisinés, ces tablées constituent des occasions précieuses de se retrouver et de partager.	*Argument concessif, visant à montrer que l'image conviviale de repas de famille existe.* *Utilisation d'un des documents du corpus. Nous aurions tout aussi bien pu utiliser la peinture, par exemple pour montrer de caractère idéal de la représentation du peintre. Mais il faut faire des choix pour laisser place à des références extérieures au corpus.*
Pourtant, il cette vision idyllique n'est parfois qu'un stéréotype. Certaines retrouvailles familiales autour de la table tournent au vinaigre. C'est le cas, par exemple, dans la pièce de théâtre *Juste la fin du monde* de Jean-Luc Lagarce. Louis, venu annoncer sa mort à sa famille, fait ressurgir les tensions enfouies et met en lumière le caractère	*Avant de montrer que c'est une généralisation abusive.*

parfois naïf de cette vision consensuelle du repas familial. Dans cette pièce, le personnage de la mère pleine de déni fait comprendre le caractère naïf de cette vision clichée du repas familial. La sociologie distingue d'ailleurs la convivialité de la commensalité. Ce dernier terme, plus neutre, désigne simplement le partage du repas.	*Qui s'appuie sur une référence issue de la culture acquise pendant l'année.* *Auquel s'ajoute une distinction qui permet d'écarter l'équivalence.*
Or, ce partage peut être agréable ou mal vécu : les goûts ne se discutent pas toujours, et les normes familiales peuvent être ressenties comme contraignantes par certains membres. Certains troubles alimentaires ou des difficultés personnelles peuvent également accentuer les difficultés à partager un bon moment autour de la table. C'est le cas du personnage d'Emma Bovary dans le roman de Flaubert. On peut aussi penser à certaines circonstances de la vie qui mettent à mal l'harmonie familiale.	*Le partage du repas peut être l'occasion de souffrances.* *Évocation d'une référence littéraire qui illustre l'idée défendue.*
Si, selon moi, la convivialité autour du repas ne se décrète pas et ne me semble pas pouvoir s'appliquer forcément, elle se construit au contraire patiemment, en tenant compte des sensibilités et des difficultés de chacun. C'est à ce prix que ces moments de partage autour de la table deviennent des sources de bonheur et d'épanouissement familial. L'expression française « mettre de l'eau dans son vin » représente bien les concessions réalisées pour parvenir à l'harmonie dans une situation donnée. Certes, à table, la convivialité est favorisée par les plats eux-mêmes, elle est rendue possible par la qualité des préparations culinaires. Mais pour que le repas devienne synonyme de joie partagée, chacun doit mettre la main à la pâte. Cette expression culinaire désigne dans un sens figuré la participation active à un projet.	*Dernier paragraphe qui installe la nuance défendue par l'essai : la commensalité est convivialité sur certaines conditions sont remplies.* *Deux expressions culturelles étayent l'argument* *Des coordinateurs logiques présents tout au long de l'essai, pour expliciter l'organisation de la pensée.*

Comme le montre le film d'animation *Ratatouille*, les moments de bonheur vécu en famille peuvent irriguer jusqu'à la haute gastronomie. Anton Ego, inflexible critique gastronomique, s'attendrit tout à coup en dégustant la ratatouille de Rémy. Ce plat lui rappelle celui de son enfance : il voit sa mère derrière les fourneaux le lui concocter avec amour et sa mémoire est ranimée. Car, comme le rappelle Valentin Husson à la fin de son essai *L'art des vivres* : « le plein sens des sens est d'aimer et d'être aimé ».	*Référence populaire tout à fait acceptée, à condition de l'exploiter pour montrer sa pertinence.*

Sujet 2

Jean de La Fontaine, « Le renard et la cigogne », *Fables*, Livre I, 18, 1668

Compère le Renard se mit un jour en frais,
Et retint à dîner commère la Cigogne.
Le régal fut petit et sans beaucoup d'apprêts :
Le Galand, pour toute besogne
Avait un brouet clair (il vivait chichement).
Ce brouet fut par lui servi sur une assiette.
La Cigogne au long bec n'en put attraper miette ;
Et le Drôle eut lapé le tout en un moment.
Pour se venger de cette tromperie,
À quelque temps de là, la Cigogne le prie.
Volontiers, lui dit-il, car avec mes amis
Je ne fais point cérémonie.
À l'heure dite, il courut au logis
De la Cigogne son hôtesse ;
Loua très fort sa politesse,
Trouva le dîner cuit à point.
Bon appétit surtout ; Renards n'en manquent point.
Il se réjouissait à l'odeur de la viande
Mise en menus morceaux, et qu'il croyait friande.
On servit, pour l'embarrasser
En un vase à long col, et d'étroite embouchure.
Le bec de la Cigogne y pouvait bien passer,
Mais le museau du Sire était d'autre mesure.
Il lui fallut à jeun retourner au logis,
Honteux comme un Renard qu'une Poule aurait pris,
Serrant la queue, et portant bas l'oreille.
Trompeurs, c'est pour vous que j'écris,
Attendez-vous à la pareille.

Marguerite Duras, *Moderato Cantabile*, 1958.

Jeune bourgeoise habitant une ville portuaire, Anne Desbaredes fait la rencontre d'un ancien ouvrier de l'usine de son mari dont elle s'éprend vivement. Elle sort d'un rendez-vous avec cet homme pour lequel elle a glissé dans son décolleté une énorme fleur de magnolia, quand elle se retrouve à ce dîner mondain.

Anne Desbaresdes boit de nouveau un verre de vin tout entier les yeux mi-clos. Elle en est déjà à ne plus pouvoir faire autrement. Elle découvre, à boire, une confirmation de ce qui fut jusque-là son désir obscur et une indigne consolation à cette découverte. D'autres femmes boivent à leur tour, elles lèvent de même leurs bras nus, délectables, irréprochables, mais d'épouses. Sur la grève, l'homme siffle une chanson entendue dans l'après-midi dans un café du port. La lune est levée et avec elle voici le commencement de la nuit tardive et froide. Il n'est pas impossible que cet homme ait froid. Le service du canard à l'orange commence. Les femmes se servent. On les choisit belles et fortes, elles feront front à tant de chère. De doux murmures montent de leurs gorges à la vue du canard d'or. L'une d'elles défaille à sa vue. Sa bouche est desséchée par d'autre faim que rien non plus ne peut apaiser qu'à peine, le vin. Une chanson lui revient, entendue dans l'après-midi dans un café du port, qu'elle ne peut pas chanter. Le corps de l'homme sur la plage est toujours solitaire. Sa bouche est restée entrouverte sur le nom prononcé.

- Non merci.

Sur les paupières fermées de l'homme, rien ne se pose que le vent et, par vagues impalpables et puissantes, l'odeur du magnolia, suivant les fluctuations de ce vent. Anne Desbaresdes vient de refuser de se servir. Le plat reste cependant encore devant elle, un temps très court, mais celui du scandale. Elle lève la main, comme il lui fut appris, pour réitérer son refus. On n'insiste plus. Autour d'elle, à table, le silence s'est fait.

- Voyez, je ne pourrais pas, je m'en excuse.

Elle soulève une nouvelle fois sa main à hauteur de la fleur qui se fane entre ses seins et dont l'odeur franchit le parc et va jusqu'à la mer.

- C'est peut-être cette fleur, ose-t-on avancer, dont l'odeur est si forte ?

- J'ai l'habitude de ces fleurs, non, ce n'est rien.

Le canard suit son cours. Quelqu'un en face d'elle regarde encore impassiblement. Et elle s'essaye encore à sourire, mais ne réussit encore que la grimace désespérée et licencieuse de l'aveu. Anne Desbaresdes est ivre. On redemande si elle n'est pas malade. Elle n'est pas malade.

- C'est peut-être cette fleur, insiste-t-on, qui écœure subrepticement ?

- Non. J'ai l'habitude de ces fleurs. C'est qu'il m'arrive de ne pas avoir faim.

On la laisse en paix, la dévoration du canard commence. Sa graisse va se fonder dans d'autres corps. Les paupières fermées d'un homme de la rue tremblent de tant de patience consentie. Son corps éreinté a froid, que rien ne réchauffe. Sa bouche a encore prononcé un nom. A la cuisine, on annonce qu'elle a refusé le canard à l'orange, qu'elle est malade, qu'il n'y a pas d'autre explication.

Félix Vallotton, « Le Dîner, effet de lampe », huile sur carton, 1899.

Questions de confrontation :

1. En quoi les repas mis en scène dans les documents 1 et 2 proposent-ils des satires sociales ?

2. Quel texte vous semble proposer l'image du repas la plus proche de celle proposée par le document 3 ?

Essai : Pensez-vous que les repas sont des situations propices pour révéler des vérités ?

1. En quoi les repas mis en scène dans les documents 1 et 2 proposent-ils des satires sociales ?

La fable et l'extrait de roman sont satiriques. La Fontaine met en scène un renard grossier trompeur qui offre à son hôte un « brouet clair », c'est-à-dire une soupe légère sans morceaux consistants sans lui donner les moyens de manger. Marguerite Duras propose quant à elle une satire des conventions sociales bourgeoises. Les deux textes critiquent l'hypocrisie de certains repas.	*Phrase d'introduction* *Distinction entre les objets de la satire* *Aves des liens logiques* *Et mise en commun sur le thème de l'hypocrisie*
Les réponses données à la satire se distinguent : En effet, La Fontaine soucieux de moraliser son propos insiste sur la sanction du trompé, tandis que les mécanismes bourgeois de Duras conduisent les commensaux à ne plus se comprendre. Cependant, les textes exploitent tous deux la goinfrerie, le renard avale « en un moment » et la romancière parle de « dévoration » du canard dont « sa graisse va se fondre dans d'autres corps », comme moyen de la critique.	*Nouvelle confrontation sur le discours de l'auteur* *Et relevé d'un procédé commun.*

2. Quel texte vous semble proposer l'image du repas la plus proche de celle proposée par le document 3 ?

Le tableau offre une conception proche du récit du document 2. Dans la peinture, quatre personnes sont réunies autour de la table. Le peintre apparaît de dos, au premier plan, en ombre chinoise, c'est le fameux effet de lampe.	*Annonce de la réponse*
Les contrastes de lumières distinguent une zone lumineuse très nettement délimitée par rapport au reste de la pièce, particulièrement sombre. Celui qui regarde et peint la scène domine la scène d'un repas prit en vue plongeante. Mais le décalage s'intensifie avec une vue frontale pour la jeune fille. Vallotton semble étranger à cette famille, ce que vient mettre en relief la symbolique des chats présents sur l'abat-jour. Pièce rapportée qui doit affronter un pesant mariage de raison, il se représente en rupture avec ce que vivent les autres membres de la scène.	*Exploitation d'outils d'analyse d'image pour décrire la composition et décrypter le sens du tableau.*
Marguerite Duras de son côté proposait aussi un personnage en rupture de communication avec les autres commensaux d'un diner.	*Mise en relation argumentée.*

Essai : Pensez-vous que les repas sont des situations propices pour révéler des vérités ?

Certes, la table peut se transformer en scène de théâtre où chacun joue un rôle, dissimulant ses pensées et ses sentiments derrière une façade de civilité, comme le montre l'extrait de *Moderato Cantabile* de Marguerite Duras. Mais la table constitue selon moi un terreau fertile pour l'éclosion de la vérité.	*Prise de position claire en faveur de la thèse, initiée par une prise en compte de l'objection.* *Exploitation d'une référence du corpus.* *Annonce claire de l'option défendue*
Il me semble que détendus par l'effet de la nourriture et de la boisson, les convives ont souvent tendance à baisser leur garde et à se livrer plus facilement. Les sujets abordés, l'intensité des échanges et la manière dont chacun s'exprime révèlent par ailleurs plus que des mots. Je crois que tout ce qui se joue à table traduit les préoccupations, les passions et les éventuels conflits qui animent les individus. Lorsque l'on partage un repas, les masques tombent bien souvent et les vérités, parfois inavouées, font surface. Le récit du film « Le Jeu » de Fred Cavayé (2018) est construit sur ce principe : les convives se retrouvent autour de la table, et jouent le jeu de vérité, que l'ambiance festive du repas entre amis favorise. Avec la fin alternative, pour laquelle les invités n'auraient pas joués, il faut toutefois concéder que la révélation grâce au repas n'est pas systématique.	*Une première piste argumentative.* *Exposition des plusieurs raisons d'adhérer à l'idée défendue* *Utilisation d'une référence extérieure.*
Si l'expression de la vérité grâce au repas n'est pas systématique, elle s'observe souvent dans des situations courantes. Les repas servent souvent de supports pour se disputer en famille. Dans le dessin de presse célèbre de Caran D'Ache « Un dîner en famille », on voit la façon dont un sujet sensible peut faire éclater une table. Dans *Un Conte de Noël* d'Arnaud Desplechin,	*Prise en compte de l'objection qui permet de rappeler la concession de départ.* *Progression dans l'argumentation au moyen de situations fréquentes et d'exemples culturels variés.*

le repas est l'occasion de raviver les plaies, de faire sortir les fantômes des placards familiaux. Certaines vérités exploitent même les conventions bourgeoises, pour faire comprendre entre les lignes des vérités parfois cruelles. Ainsi en est-il de la scène du ragoût dans *Que la bête meure* de Claude Chabrol. C'est notamment pour éviter la dispute que Louis, personnage central de la pièce de théâtre *Juste la fin du monde*, préfère se taire. La diplomatie gourmande et les rendez-vous amoureux autour de la table sont autant de moyens d'exploiter le repas et sa fonction phatique comme moyen de se dire ce qu'on a sur le cœur.	*Les exemples sont déployés de façon synthétique, pour ne pas surcharger le paragraphe.*
Enfin, je crois que le fait de manger ensemble nous rassemble autour de fonctions physiologiques fondamentales, et que la satisfaction de ces besoins nous amène à considérer inconsciemment notre humanité commune. Gardons cependant à l'esprit que si le repas peut être utilisé pour se parler, bien des commensaux ne se livrent pas.	*Dernier paragraphe qui comporte un ultime argument, et une formule conclusive qui conserve la concession de départ.*

Fiches outils

Comment dégager les idées d'une image, pour répondre aux questions ou enrichir ses essais ?

Principes méthodologiques

L'analyse d'image menée correctement se fait par ordre, elle part de la (1) ***nature du document****, se poursuit dans (2)* ***l'identification de la relation au thème*** *(que voit-on ? que comprend-on dans l'image par rapport à la question posée ?), s'approfondit dans (3)* ***l'analyse des procédés*** *propres aux documents iconographiques, se finalise dans (4)* ***la formulation explicite du message de l'image****.*

Beaucoup d'analyses négligent soit la succession des étapes de cette méthode non-exhaustive (on pourrait ajouter la nécessaire mise en contexte pour une interprétation plus fiable), soit l'analyse de l'image dans sa rhétorique spécifique, équivalant des paraphrases qui remplacent l'analyse d'un texte. Cette fiche rassemble quelques outils à exploiter avec, en gras, des pistes pour l'interprétation afin d'analyser les images et une méthode pas à pas avec un exemple, de l'image à la partie d'un paragraphe de confrontation.

Procédés d'analyse

Dans une image, observez :

- Le format ; il s'agit de : - la forme - la taille de l'image originale (sa dimension) - l'orientation de l'image qui peut être carrée ou rectangulaire, une image rectangulaire peut proposer un Paysage (horizontal) ou un Portait (vertical). **Si ce paramètre est trop large pour conduire à une lecture univoque, il peut parfois signifier une intention générale.**
- Le cadrage, qui permet d'attirer l'attention du spectateur sur un élément (une scène, un détail). Celui-ci peut être centré ou décentré. **Ce qui s'interprète dans la façon dont l'auteur distribue l'attention, un sujet centré signifiant communément le cœur du message.** On peut aussi

distinguer différents types de plans : du plan d'ensemble très descriptif **pour installer le sujet dans son environnement** au plan général qui **conserve sa valeur descriptive dans lequel on perçoit l'action dans son ensemble. Il décrit, situe l'action ou l'atmosphère. Ils permettent d'attirer l'attention en distinguant un personnage dans son contexte.** Viennent ensuite le plan américain (le personnage est coupé au niveau des cuisses) et le plan moyen (coupe le personnage au niveau de l'estomac) qui ont une **valeur narrative, plus proche de l'action. Le plan moyen intensifie l'action, le geste, et attire l'attention du lecteur.** Enfin, le plan rapproché (coupé au niveau des épaules) et le gros plan **montrent les réactions émotionnelles du personnage.** La valeur psychologique et émotionnelle du gros plan fait **entrer l'observateur dans l'espace intime du personnage.** En isolant un objet / visage, il exprime **la sensibilité du personnage**. Ce à quoi on ajoute le Très gros plan sur un détail (visage, main etc.) qui participe à **dramatiser et émouvoir le spectateur.** Il s'agit d'isoler un détail pour **lui donner une valeur symbolique.**

- La composition, c'est-à-dire l'organisation des éléments sur la surface de l'image. Particulièrement indispensable dans l'analyse d'une publicité, il faut repérer les principales lignes de construction qui forment le chemin pour l'œil et guident le regard. Interroger la façon dont notre regard parcourt l'image, en vertu du sens de lecture occidental, de gauche à droite et de haut en bas permet de comprendre la façon dont le producteur de l'image nous parle. On peut ainsi observer les lignes de forces (diagonales, médianes, verticales, horizontales) que l'auteur choisit pour donner de la force à sa composition. L'utilisation des diagonales induit souvent **le mouvement** alors que les médianes horizontales traduisent **le calme et la stabilité**. Les médianes permettent par ailleurs de faire parler les intersections, considérées comme des points de force, **pour mettre en relation plusieurs sujets clés dans une image**. C'est la règle des tiers. La composition peut aussi reposer sur une forme géométrique dont l'allure générale peut traduire différents effets (dynamique, statique, surprise, intrigue).

- L'espace, c'est-à-dire la disposition des éléments dans la profondeur de l'image et l'expression du volume peut être suggérée en jouant sur la taille des éléments, plus un élément est petit plus il est **éloigné**, ou bien en jouant sur le rapport de netteté entre les plans (flous sont les **éléments éloignés ou secondaires** qui rendent importants les éléments nets). On peut aussi user de perspectives : hiérarchique, à point de fuite unique ou bifocale, inversée, tordue. La perspective simple ou à double point de fuite a pour but de **reproduire la vision humaine**. On peut aussi distinguer le premier plan (la zone la plus proche de la prise de vue) et l'arrière-plan (le fond de l'image).

- La lumière et la couleur sont aussi à analyser. La lumière est-elle naturelle ou artificielle, intense ou feutrée ? Directe ou indirecte ? La lumière diffuse

détaille les ombres et donne du modelé au sujet, les traits des visages sont adoucis, lors ou la lumière intense et directe offre un **regard brut** sur le sujet. Le noir est blanc s'interprète de bien des façons, mais il peut connoter **le drame ou la nostalgie** de l'ancien. Il permet aussi un caractère atemporel. Les couleurs, elles, sont plus ou moins chaudes (rouge, orange, jaune/bleu, vert, violet), et **attirent ou distancient** le regard. Là aussi, il faut penser aux codes couleurs, dont les rappels élémentaires que voici peuvent être complétés : blanc **(pureté, propreté, innocence)**, noir (**nuit, détresse, élégance)**, rouge **(amour, passion, danger)**, bleu **(calme, infini, sérénité)**, etc.

- L'angle de vue est la position de l'auteur par rapport au sujet, il indique son rapport avec le sujet et peut souvent indiquer un message décisif : une vue frontale offre un spectateur au même niveau que son sujet, ce qui **connote l'objectivité**, une vue en plongée permet généralement de rendre l'impression de **domination d'un sujet dévalorisé**, là où la contre-plongée donne un sentiment de **noblesse, de supériorité et de puissance** au sujet.
- La touche et le trait peuvent sembler plus techniques à commenter pour un observateur débutant, mais sont précieux pour les œuvres dont le message paraît moins évident. La gestuelle apparente des traits tangibles traduit une peinture **émotionnelle**, tout comme l'argentique et les grains en photographie cherchent à produire une impression d'**authenticité**. L'absence de touche donne un résultat plus **froid et impersonnel**.

Le rapport entre le texte et l'image dont aussi à analyser pour se demander ce que le texte apporte à la compréhension, et si le sens de l'image est modifié par le texte. La fonction du texte est généralement pensée dans la **complémentarité** de l'image, mais celui-ci peut donner lieu à des décryptages sur le message d'ensemble.

Les mots de liaison

Identifier les mots de liaison est essentiel pour réparer la structure d'un texte, et exprimer vos idées de façon logique. Dans les deux parties, vous êtes attendu sur une compréhension des différents liens logiques, qu'on pourrait opposer à la juxtaposition arbitraire ou hasardeuse des idées.

Liens logiques et exemples	Mots de liaison
Cause Je suis venu **car** tu m'as appelé.	Attendu que, car du fait que, sous prétexte que, sachant que, comme, pour la raison que, puisque, en effet, étant donné, parce que.
Conséquence Tu m'as appelé **donc** je suis venu.	Ainsi, au point que, c'est pourquoi, de ce fait, de manière que, dès lors, de sorte que, donc, si bien que, par conséquent, d'où, par suite.
Opposition Tu m'as appelé **mais** je n'ai pas entendu mon téléphone.	Alors que, au contraire, mais, bien que, toutefois, pourtant, quoique, tandis que, en revanche, cependant, néanmoins.
Concession **Bien que** tu m'aies appelé, je ne suis pas venu.	Certes, bien que, en dépit de, malgré, quoique, sans doute.
But Tu m'as appelé **afin que** je vienne.	Afin de/que, de crainte que, de façon que, de peur que, en vue de, pour, pour que.
Hypothèse **Si** tu m'appelais, je viendrais	À la condition que, à supposer que, au cas où, en admettant que, ou, pourvu que, selon que, si, suivant que.
Addition Je viens **et** je t'apporte le journal	Aussi, surtout, par ailleurs, encore, en outre, et, également, de plus, de surcroît.
Comparaison Je viens **comme** un chevalier servant	Ainsi que, à mesure que, d'autant plus que, de la même manière, de même, de même que, pareillement, tel que, comme
Conclusion Tu m'as appelé. **Finalement** je suis venu	Ainsi, en conclusion, enfin, donc, finalement, pour finir, pour conclure.

Illustration Je suis à ton service. **Par exemple** : tu m'appelles, je viens.	Ainsi, à l'exemple de, c'est-à-dire, c'est ainsi que, c'est le cas de, comme, en d'autres termes, par exemple.
Classement **Dans un premier temps**, tu m'appelles. **Puis** je viens	Au préalable, avant tout, d'abord, dans un premier/second temps, d'une part… d'autre part, en définitive, enfin, en premier lieu, en somme, ensuite, et, par la suite, précédemment, premièrement, puis.

Attention aux **erreurs fréquentes** : on ne dit pas « malgré que » mais « bien que », qui est toujours suivi du subjonctif. On ne dit pas « il a eu un accident tellement qu'il roule vite » mais « il roule tellement vite qu'il a eu un accident ».

Les relations logiques **indiquent les idées** de la phrase, qui sont exprimées par des groupes nominaux ou des propositions, les mots du tableau permettent de les identifier. Il faut travailler les types de relations pour exprimer ses arguments ou réfuter ceux avec lesquels on n'est pas d'accord.

Quand vous lisez un texte, **entourez tous les connecteurs** pour comprendre l'argumentation d'ensemble. Utilisez les connecteurs dans l'essai pour **marquer les étapes et l'évolution de votre pensée.**

La subjectivité par les modalisateurs

Identifier les marques de la subjectivité dans les textes aide à confronter les idées. Elles peuvent aussi vous aider à relire la première partie, car vos réponses doivent rester neutres, à l'écoute des discours. De plus, votre essai se doit de manifester votre engagement dans l'argumentation. Il ne suffit pas d'avoir recours à des formules commodes, « je pense que », « selon moi », simplement ajoutés à une argumentation objective. Les modalisateurs sont alors de bons moyens de rendre votre texte plus subjectif.

Qu'est-ce qu'un modalisateur ?

Un énoncé est dit neutre quand il formule un fait sans laisser deviner l'opinion de celui qui l'exprime. On dit qu'il est objectif.

Exemple : « La sécheresse persiste. »

Un énoncé est dit subjectif quand il laisse deviner les sentiments ou l'opinion de l'énonciateur.

Exemple : « On redoute une persistance désastreuse de la sécheresse. » On appelle alors modalisateurs l'ensemble des marques de cette subjectivité.

Les modalisateurs peuvent appartenir à différentes catégories grammaticales (groupe nominal, « Ce livre est **une sorte** de roman policier », adjectif, « Il est **certain** qu'il fera beau. », adverbe : « Il sera **probablement** là. », verbe de jugement, « Je **crois** que la fuite a été colmatée. »)

Les modalisateurs dépendant de ce que l'on veut exprimer, voici un tableau récapitulatif :

Pour exprimer	Modalisateurs utilisés
Le doute, l'incertitude	Adverbes : *peut-être, sans doute, apparemment...*
	Adjectifs : *possible, vraisemblable, incertain...*
	Verbes : *sembler, apparaître, pouvoir, croire ...*
	Mode conditionnel
	Phrase interrogative
	*Il **aurait vu** un fantôme qui, **apparemment**, hante la demeure*

La certitude	Adverbes : *assurément, évidemment, certainement, vraiment, bien sûr* Adjectifs : *sûr, certain, indiscutable* Verbes : *savoir, affirmer…* *Il est* ***indiscutable*** *que cette décision aura* ***vraiment*** *de graves conséquences.* *Chacun le* ***sait indubitablement****.*
Une opinion	Expressions : *selon moi, à mon avis, pour ma part, quant à moi, il est dommage que, en toute franchise…* Verbes : *penser, croire, estimer, vouloir, craindre…* ***Selon moi****, cette décision* ***doit*** *être prise sans tarder. Je* ***pense*** *que c'est* ***indispensable****.*
Un jugement de valeur	Négatif : Adverbes : *mauvais, hideux, détestable* ; Adjectifs : *détester, haïr, mépriser, exécrer* ; Noms : *(un) taudis, (une) puanteur épouvantable.* Positif : Adverbes : *bon, magnifique, extraordinaire…* ; Adjectifs : *aimer, apprécier, admirer, vénérer…* ; Noms : *(un) palace* Négatif ou positif : Adverbes : *tellement, si, beaucoup, un peu, vraiment…* *Il* ***adore*** *ce film qu'il* ***juge remarquable*** *et qu'il a regardé* ***tant de*** *fois. Quant à moi, je* ***déteste*** *ce genre de cinéma* ***mièvre que je ne peux vraiment pas supporter***